BETTINA ZIMMERMANN

WEIBLICH UND MIT BISS

ERFOLGSSTRATEGIEN FÜR FRAUEN

Midas Management Verlag
St. Gallen • Zürich

Weiblich und mit Biss
Erfolgsstrategien für Frauen

© 2015 Midas Management Verlag AG
ISBN 978-3-907100-97-4

Von Herzen für
Beda, Dennis und Michelle

Lektorat: Thomas Hobi
Satz und Layout: Ulrich Borstelmann, Dortmund
Coverfoto: Sonja Haueis
Druck- und Bindearbeiten: CPI, Clausen & Bosse, Leck
Printed in Germany

Alle Rechte vorbehalten. Die Verwendung der Texte und Bilder, auch auszugsweise, ist ohne schriftliche Zustimmung des Verlages urheberrechtswidrig und strafbar. Dies gilt insbesondere für die Vervielfältigung, Übersetzung oder die Verwendung in Seminarunterlagen und elektronischen Systemen.

Midas Management Verlag AG, Dunantstrasse 3, CH 8044 Zürich
E-Mail: kontakt@midas.ch, Tel 0041 44 242 61 02, www.midas.ch

INHALT

Geleitwort. 6
Vorwort. 9
Einleitung. 13

Schritt 1: Loslassen. 19
Von Rückschlägen und sonstigen Schlägen 19
Wenn es doch so einfach wäre 23
Raus aus der Vergangenheit, rein in die Zukunft 25
Was hilft loszulassen?. 27
Verzeihen Sie 27
Machen Sie Ordnung. 28
Gib es dem Fluss mit auf den Weg 29
5 Tipps um loszulassen. 30

Schritt 2: Selbstsicherheit. 31
Selbstsicherheit – sich seiner Selbst sicher sein. 31
Ich geh mal eben ins Bad und mach mich fertig... 33
Halte deinen inneren Saboteur in Schacht und
nutze den Placebo-Effekt. 35
Was dem Selbstwert sonst noch gut tut. 37
Wir sind nicht dazu da, es allen recht zu machen 39
Selbstmut, das neue Schlüsselwort. 40
Seien Sie ein Original. 42
5 Tipps für ein starkes Selbstbewusstsein 45

Schritt 3: Karriereplanung 47
Die Gretchenfrage 47
Wohin des Weges – Sie brauchen ein Ziel 50
Von der Lehrerin zur Krisenmanagerin 55
Suchen Sie sich einen Mentor 58
Positionieren Sie sich als Expertin. 60
Sind Sie sich bewusst, dass es an der Spitze einsam ist? 60
Zum Erfolg gehört die richtige Kleidung 63
Selbstmarketing – werden Sie sichtbar!. 66
5 Tipps für Ihre Karriereplanung 68

INHALTSVERZEICHNIS

Schritt 4: Netzwerken 69
Denken wie die Männer 69
Netzwerken hat viele Namen – Seilschaften, Vitamin B,
Beziehungspflege 70
Kontakte lauern überall 72
Bleiben Sie in Erinnerung und zücken Sie Ihre Visitenkarte . . 73
Heute werden Sie gegoogelt 75
Der Networking-Anlass 77
Die Kunst der leichten Konversation 79
Frauennetzwerke – Jammerkränzchen oder Erfolgsrunde? ... 80
Der Service Club – das etwas andere Netzwerk 84
Was Netzwerke nicht sind 86
Bleiben Sie in Kontakt 86
5 Tipps für erfolgreiches Networking 88

Schritt 5: Synergien zwischen Frau und Mann nutzen 89
Klischees oder doch nicht? 89
Architektur erfolgreicher Teams 91
Den Unterschied kennen, schätzen und nutzen 94
Was wird von einem Geschäftsleitungsmitglied erwartet? 96
Wenn Mann das Pfauenrad schlägt 97
Achtung Zicke 98
Stolz sein aufs Frau sein 99
Gemeinsam sind wir stark 101
Frauen, das haben wir doch nicht nötig! 101
5 Tipps für den Umgang mit Männern,
5 Tipps für den Umgang mit Frauen 104

Es waren nicht einfach Interviews 105
Dr. Alice Brauner 108
Berühmte deutsche Filmproduzentin, kürzlich erschien
ihr Film »Auf das Leben!«
Dr. Bjørn Johansson 115
Gehört gemäss Business Week zu den 50 einflussreichsten
Headhunter weltweit
Elisabeth Gürtler 121
Die international bekannte Grande Dame von Wien
André Blattmann 127
Der charismatische Drei-Sterne-General und Chef der
Schweizer Armee

INHALTSVERZEICHNIS

Christine Maier 132
Die überzeugende Chefredaktorin behauptet sich in einer
Männerdomäne

Dr. Nikolas Stihl. 138
Der Topmanager, der sein Handwerk von der Pike auf
gelernt hat

Brigitta Schoch Dettweiler. 144
Eine Dame von Welt – die erste Schweizer Generalkonsulin

Maximilian J. Riedel. 150
Jung, dynamisch und mit 37 Jahren an der Spitze eines
international tätigen Unternehmens

Bernadette Schaeffler 156
Sie verwirklichte ihren Kindheitstraum als Innenarchitektin
in Amerika

Urs Berger. 161
Mit Praxiserfahrung und Überzeugungskraft an die Spitze
der ältesten privaten Versicherungsgesellschaft

Signe Reisch 168
Eine Frau mit Herz und Verstand – Hotelbesitzerin und
Präsidentin von Kitzbühel Tourismus

Bernd Philipp 173
Der Starjournalist, der auf seinen Berliner Spaziergängen die
Grössen aus Wirtschaft, Politik und Kultur interviewt hat

Germaine J.F. Seewer 179
Einzige Frau im Generalsrang der Schweizer Armee

Axel Naglich 184
Der verrückte Extremsportler aus der Red Bull Truppe

Gabrielle Ritter. 190
Selbstsicher ans Ziel – der erste weibliche Captain im
Cockpit der Swissair

Prof. Urs Fueglistaller. 195
Der Ordinarius für Unternehmensführung an der
Uni St. Gallen und Kenner der KMU-Landschaft

Quellenangaben 201
Danksagung 205
Über die Autorin 207

GELEITWORT

Wertvolle Synergien zwischen Mann und Frau

Wir beide haben bei der Partnerwahl wohl nicht den einfachsten Weg gewählt. Mit absolviertem Rechtsstudium und bestandener Diplomatenprüfung standen wir beide vor der Herausforderung, Familie und Beruf – der unsere Familie in alle Welt verschlagen kann – zu vereinen.

1996 nach der Geburt unseres ersten Kindes war ein Jobsharing eigentlich die logische Folge. In Bern beim Departement für auswärtige Angelegenheiten, in Dublin als Botschaftssekretäre und danach wieder im Aussendepartement in Bern teilten wir Beruf, Haushalt und Kindererziehung. Von 2009 bis 2012 besetzten wir gemeinsam den Botschafterposten in Bangkok mit Akkreditierungen in Myanmar, Laos und Kambodscha. Die Flexibilität und Aufgeschlossenheit unseres Arbeitgebers waren für die Realisierung dieses Modells entscheidend.

Das Modell ist eine Win-Win–Win-Konstellation: Für das Paar, dessen Kinder und den Arbeitgeber, der von beiden 50 Prozent-Stellen de facto weit mehr als 100 Prozent Leistungsvolumen erhält. Wir haben die Chance bekommen, unser Land als Botschafter-Ehepaar im Ausland zu vertreten. Als weltweit erstes Jobsharing-Botschafterpaar sorgten wir für viel Stirnrunzeln und dies ausschliesslich bei männlichen Kollegen. Wir setzten und setzen alles daran, unser Land effektiv und würdig zu vertreten. In der Zwischenzeit haben sich die Runzeln geglättet und die Unkenrufe sind verstummt. Wir haben grosse Anstrengungen unternommen, unseren beiden nun im Teenageralter stehenden Kindern rund um die Uhr gute Eltern zu sein. Und wenn man uns auch als modernes Ehepaar bezeichnen mag, lag es uns am Herzen, unsere Kinder »konservativ« und ohne Fremdbetreuung zu erziehen. Das Wort »Doppelkarrierepaar« ist uns zuwider. Wir sehen uns mehrdimensional, als polyvalent in Familie und Beruf. »Family first« und Flexibilität waren stets unser Leitmotiv.

Der tägliche Rollentausch zwischen Diplomatin und Mutter oder Diplomat und Vater sowie die Koordination dieser Rollen im Familien- und Berufsalltag sind herausfordernd. Jeder wildert im Revier des andern und die Auflösung der Rollenteilung und die wechselseitige Entgrenzung zwischen Beruf und Familie führen zu Konstellationen, die ab und zu eine tüchtige Portion Gelassenheit erfordern. Die Fischstäbchen aus Vaters Küche wurden Kult. Das »Einander-auf-den-Füssen-stehen« in Beruf, Kindererziehung und Haushalt ist indes nicht nur eine Herausforderung, sondern auch eine Chance. Der Rollentausch ist nämlich das beste Mittel, sich in sein Gegenüber einzufühlen und die Kommunikation ständig auf hohem Niveau zu halten.

Die Ausübung des Berufs wird durch Charakter, Motivation und persönliche Prioritäten geprägt. Ist es Zufall, dass in unserer internen Aufteilung der Mann die Finanzen der Botschaft betreute und die Frau für die sensiblen Anliegen des Personals zuständig war? Mann und Frau haben ihre Stärken und es ist wichtig, dass diese Talente komplementär zum Tragen kommen. Nicht nur in der Familie, auch in der Wirtschaft und unserer Gesellschaft. Gerade in der Schweiz, die von Innovation und Arbeitskraft lebt, können wir uns eine Verschleuderung der Kapazitäten von Frauen und Männern nicht mehr leisten.

Wir hoffen, mit unserem Lebensentwurf bewiesen zu haben, dass Familie und Beruf für beide Lebenspartner zu vereinbaren sind. Diese Forderung wird zunehmend an Arbeitgeber gerichtet. Dies hat nichts damit zu tun, dass der Mann als Auslaufmodell und die

Frau als knallhartes Karrieremonster gilt. Es ist schlicht ein Gebot der sozialen und wirtschaftlichen Notwendigkeit, dieser enttraditionalisierten Lebensform neben allen anderen Modellen eine Chance zu geben.

Viele Hinweise und Ideen zur Synergienutzung zwischen Mann und Frau erhalten Sie in diesem Buch. Nutzen Sie diese – viel Spass beim Lesen.

Christine Schraner Burgener,
Schweizer Botschafterin in Thailand

Christoph Burgener,
Botschafter in Myanmar, Laos und Kambodscha

VORWORT

Die Wirtschaft will und braucht gute Frauen, das ist unbestritten. Untermauert wird das auch durch viele Studien aus unterschiedlichen Ländern, aus denen hervorgeht, dass Unternehmen mit einer heterogenen Führung erfolgreicher sind und die bessere Rendite erzielen. Und dennoch sind Frauen im Top-Management und in Verwaltungsräten immer noch unterdotiert. Woran liegt das? Einige denken, das liege daran, dass Frauen bei der Jobbesetzung benachteiligt werden, und plädieren für eine Frauenquote. Ich jedoch bin überzeugt, dass es genügend gut qualifizierte Frauen gibt, die sich aber einfach zu wenig zutrauen.

Wir Frauen verkaufen uns oft unter unserem Wert. Talente und Fähigkeiten bringen wir zu wenig zum Ausdruck, Selbstmarketing ist nicht unser Ding. Zweifel machen sich breit, ob wir für diesen Job wirklich genügend qualifiziert sind.

Quälen Sie sich manchmal auch mit Fragen wie »Bin ich kompetent genug?«, »Kann ich das?« oder mit Aussagen wie »Bestimmt gibt es andere, die das viel besser können als ich?«

Oft fehlt es Frauen auch schlicht an Biss und der Bereitschaft, etwas durchzustehen. Viele Frauen lassen sich viel zu schnell entmutigen. Sie fragen sich vielleicht, warum ich das so negativ darstelle oder angriffig schreibe. Weil ich selber eine Frau bin und weiss, wovon ich schreibe. Viele gute und schlechte Erfahrungen haben mich zu dem gemacht, was ich heute bin. Und glauben Sie mir, da waren einige schmerzhafte Erlebnisse dabei. Rückschläge gehören genauso zum Leben wie Erfolge. Wichtig ist, dass wir nach Niederlagen wieder aufstehen und uns nicht den Mut nehmen lassen. Viele bleiben in schlechten Erinnerungen hängen, aber das hindert uns daran uns weiterzuentwickeln. Das Zauberwort, nicht an Vergangenem hängen zu bleiben und im Leben weiterzukommen, heisst loslassen. Einige von Ihnen können das besser, andere weniger gut. Wenn es bei Ihnen mit dem Loslassen auch nicht so recht klappen will, lassen Sie sich nicht entmutigen, auch ich habe hier noch Optimierungsbedarf. Doch gerade weil ich noch berufliche und private Lebensziele habe, weiss ich, dass ich daran arbeiten will.

Frauen können akribisch an sich herumkritisieren und vergleichen sich viel zu oft mit anderen. Es wird immer jemanden geben, der besser, schöner oder erfolgreicher ist als wir. Gerade solche Vergleiche sind Selbstbewusstseinsfresser und Muträuber. Aber um Karriere zu machen, brauchen wir ein gesundes Selbstbewusstsein. Und da haben Frauen sicher noch Optimierungsbedarf.

Ich selber hatte früher die schicksalshafte Vorstellung, dass die Karriere kommt, wenn es denn sein soll. Es war mir zwar immer bewusst: Wenn ich etwas erreichen will, muss ich gut sein und mein Bestes geben. Eine Vision, wohin es gehen soll, hat aber gefehlt. Heute weiss ich, wohin ich will und habe mein Zukunftsbild. Und ich bin überzeugt, genügend Biss zu haben, um dieses zu erreichen. Zu wissen, was ich will, sensibilisiert mich, Chancen zu erkennen und zu packen. Auf meinem Weg zum Ziel kontrolliere ich immer wieder, ob ich noch auf Kurs bin. Kommt ein Rückschlag oder eine schlechte Erfahrung, ziehe ich meine Lehren daraus. Ich will keine Ausreden suchen, sondern Lösungen finden für meine Zukunft. Was hilft es mir, wenn ich ständig daran denke, was ich hätte tun sollen oder was ich verpasst habe? Das bringt mich nicht weiter.

Das berufliche und private Netzwerk ist ebenfalls Teil einer Karriere, aber noch lange nicht alle sind sich dessen bewusst. Signe Reisch, eine meiner Interviewpartnerinnen, hat es treffend formuliert: »Beziehungen schaden nur dem, der sie nicht nutzt.« Gerade in diesem Bereich können Frauen noch einiges von den Männern lernen. Diese nutzen ihr Netzwerk nämlich viel selbstverständlicher als Frauen.

Gemischte Teams sind erfolgreicher. Mit anderen Worten heisst das, es braucht die weiblichen und die männlichen Stärken. Bringen wir Frauen also unsere Stärken ein – so wie wir sind, nämlich weiblich. Frauen und Männer können gegenseitig viel voneinander profitieren. Es geht darum, dass wir diese Synergien nutzen. Frau soll auf dem Karriereweg nach oben Frau bleiben. Wir werden nicht besser, wenn wir männliche Züge annehmen. Ich selber bewege mich in einem stark männlich dominierten Berufsumfeld. In meinem Tätigkeitsbereich, dem Krisenmanagement, und vor allem in meiner Arbeit mit Krisenstäben stelle ich immer wieder fest, dass hier immer noch grossmehrheitlich Männer vertreten sind. Deswegen schlüpfe ich aber nicht in eine Ritterrüstung und führe mich auf wie ein Mann. Ich bleibe Frau, weil ich weiss, dass wir Frauen vieles anders angehen. Aber anders heisst weder schlechter noch besser, sondern einfach anders.

Wer Karriere machen will – unabhängig ob Mann oder Frau – muss sich bewusst sein, dass man anecken wird. Auf dem Weg nach oben stehen viele Neider und Miesmacher, das müssen wir aushalten. Wir können es nie allen recht machen! Wer überall beliebt ist, wird nicht ernst genommen – freunden Sie sich mit diesem Gedanken schon mal an. Gerade Frauen haben mit dieser Denkhaltung Mühe, aber daran geht kein Weg vorbei.

Dieses Buch soll in fünf Schritten aufzeigen, wie Sie stolz und selbstbewusst Karriere machen können ohne Frauenquotenhilfsprogramme. Es soll Ihnen Mut machen, Ihren eigenen Weg zu gehen, Hürden zu überwinden, selbstsicher die Karriereleiter zu erklimmen und dies mit dem nötigen Biss.

Auch Männer profitieren von diesem Buch. Aus vielen ehrlichen Gesprächen mit Männern habe ich erfahren, dass sie im Innersten auch Ängste haben, nicht zu genügen oder gar zu versagen. Und so können Sie, liebe Männer, die Tipps in diesem Buch genauso gut für sich selber anwenden. Und Sie erfahren dabei viel über uns Frauen und wie wir funktionieren. Ich weiss, dass sich der eine oder andere mit dem »Frauenverstehen« etwas schwer tut. Schon Albert Einstein hat gesagt: »Manche Männer bemühen sich lebenslang, das

Wesen einer Frau zu verstehen. Andere befassen sich mit weniger schwierigen Dingen, zum Beispiel der Relativitätstheorie.«

Einerseits habe ich in diesem Buch über meine eigenen Erfahrungen geschrieben und andererseits habe ich viele Informationen von Menschen erhalten, die ich beraten durfte oder die meine Seminare besucht haben. Die Essenz aus all diesen Erfahrungen sind die fünf Schritte, die ich in diesem Buch beschreibe.

Weil ich wissen wollte, wie erfolgreiche Persönlichkeiten ihren Weg gegangen sind, habe ich 16 sehr interessante Persönlichkeiten aus Wirtschaft, Politik und Armee aus Deutschland, Österreich und der Schweiz interviewt. Aufrichtig und selbstkritisch haben sie mir erzählt, welche Rückschläge sie erlebt haben, mit welchen Selbstzweifeln sie kämpfen, wie sie ihre beruflichen Ziele in Angriff genommen und erreicht haben und welche Tipps sie Ihnen und mir auf den beruflichen Weg mitgeben.

Ich will Sie nicht mit langatmigen, seitenfüllenden Texten langweilen, sondern habe versucht, die mir wichtigen Dinge kurz zu fassen. Am Ende eines jeden Kapitels finden Sie fünf wichtige Tipps, die sich lohnen umzusetzen.

Es ist ein Buch, das ich aus tiefer Überzeugung, von Herzen und schonungslos offen geschrieben habe. Ich wünsche Ihnen eine freudvolle und erfolgreiche Lesezeit.

Herzlichst
Ihre

Bettina Zimmermann

EINLEITUNG
Eure Quote brauch ich nicht

Diskussionen zum Thema Frauenquote erhitzen die Gemüter- sowohl bei den Befürwortern, wie auch bei den Gegnern. Mich beschäftigt diese Diskussion auch und ich empfinde diese Regelung als entwürdigendes Hilfsprogramm für uns Frauen. Mit einer solchen Quotenregelung werden wir Frauen den Geschäftsleitungen und Verwaltungsräten doch förmlich aufgezwungen. Wir leben in einer Gesellschaft, in der Qualifikation und Leistung zählt. Das Geschlecht ist aber weder Qualifikation noch Leistung. Für wen bitte schafft diese Regelung eine angenehme Position? Für die Frau bestimmt nicht, denn diese wird als Quotenfrau abgestempelt oder wie Nicola Leibinger-Kammüller, Vorsitzende der Geschäftsführung der Trumpf GmbH + Co. KG, treffend formuliert hat: »Wer will schon gern die Quotilde sein?«.

Ich selber bin eine grosse Verfechterin von gleichberechtigter und gleichwertiger Verteilung von Macht- und Führungspositionen zwischen Frau und Mann. Aber nicht mit dem Instrument der Quotenregelung, sondern aufgrund vorhandener Kompetenzen. Mir kommen sechs kritische Fragen in den Sinn, die zum Nachdenken anregen sollen – dabei spielt es keine Rolle, ob Sie in Deutschland, Österreich oder der Schweiz leben:

1. Warum sollen Frauen mehr gefördert werden als Männer?
2. Brauchen Frauen tatsächlich ein Frauenquoten-Hilfsprogramm? Nagt das nicht am Stolz?
3. Gibt es heute überhaupt genügend fähige Frauen, die bei einer geforderten Frauenquote von 30 bis 40 Prozent Kaderpositionen übernehmen wollen?
4. Greift der Staat mit der geforderten Frauenquote nicht in die freie Marktwirtschaft ein?
5. Führt diese geforderte Frauenquote, welche gemäss der Vereinten Nationen jegliche Form der Diskriminierung der Frau

beseitigen soll, im Gegenzug nicht zu einer Diskriminierung des Mannes?
6. Braucht es nach der Umsetzung der Frauenquote eine Männerquote?

Der Ursprung der Frauenquotenfrage geht auf den 18. Dezember 1979 zurück, als die Konvention zur Beseitigung jeder Form der Diskriminierung der Frau (Convention on the Elimination of All Forms of Discrimination against Women, CEDAW) von der Generalversammlung der Vereinten Nationen angenommen wurde. Diese Konvention trat 1982 in Österreich[1], 1985 in Deutschland[2] in Kraft und in der Schweiz wurde diese 1997 ratifiziert[3]. Alle drei Länder haben sich mit der Unterzeichnung dieses Vertrages dazu verpflichtet, die darin aufgeführten Rechte der Frau zu schützen und zu erfüllen.

Gemäss Auskunft der Schweizerischen Eidgenössischen Kommission für Frauenfragen (EFK) in Bern, dient die Frauenquote als Umsetzungshilfe dieser CEDAW-Konvention. Mit der Frauenquote soll erreicht werden, dass die Diskriminierung der Frauen auch im Arbeitsmarkt eingedämmt werden kann.

In Deutschland, Österreich und der Schweiz laufen zurzeit heftige Diskussionen über die Einführung einer Frauenquote. In Deutschland liegen Pläne für eine gesetzliche Quote von mindestens 30 Prozent in Aufsichtsräten börsennotierter Unternehmen vor. Gleiches soll auch für die Führungspositionen der Bundesverwaltung, der Gerichte und Unternehmen des Bundes gelten sowie für alle Gremien, in die der Bund Vertreter schickt[4].

In der Schweiz will die Landesregierung eine Zielquote von 30 Prozent Frauen in bundesnahen Betrieben erreichen. Der Kanton Basel-Stadt ist in der Schweiz der erste Kanton, der eine Frauenquote von mindestens 30 Prozent in allen Verwaltungsräten, die in der Wahlbefugnis des Kantons liegen, eingeführt hat[5]. Und die österreichische Bundesregierung beschloss, bis 2018 35 Prozent Frauen in

Aufsichtsräten von Unternehmen zu haben, an welchen der Staat mit mindestens 50 Prozent beteiligt ist[6].

Im November 2013 stimmte das EU-Parlament einer Frauenquote von 40 Prozent in Aufsichtsräten börsennotierter Unternehmungen zu. Diese Quotenregelung gilt für alle EU-Länder und betrifft Unternehmungen, die mehr als 250 Mitarbeitende und mehr als 50 Millionen Euro Jahresumsatz haben[7]. Zusätzlich werden überall Stimmen laut, diese Quotenregelung nicht nur in sogenannten bundesnahen Betrieben einzuführen, sondern auf die gesamte Wirtschaft auszuweiten.

Im März dieses Jahres ist im »TagesAnzeiger«, einer überregionalen Schweizer Tageszeitung aus Zürich, unter dem Titel »Männer blocken Frauenquote ab« ein Artikel zu diesem Thema publiziert worden. Darin heisst es unter anderem: »Frauen sind in Schweizer Chefetagen nach wie vor die Ausnahme. Eine Quote ist umstritten, laut einer Studie auch bei Frauen.« 61 Prozent der befragten Männer und 45 Prozent der befragten Frauen finden, die Frauenquote sei keine Angelegenheit für die Politik. Diese Umfrage führte das Topkräftevermittlungs- und Beratungsunternehmen Mercuri Urval mit rund 1000 befragten Personen durch[8]. Da stelle ich mir unweigerlich die Frage, ob diese Quotenregelung wirklich ein Bedürfnis von Frauen ist oder vielleicht mehr von Politikern?

Parallel zur Quotendiskussion wird zusätzlich eine Diskussion über Kontrollmechanismen und wirksame Sanktionen geführt, falls die Quotenziele nicht erreicht werden sollten. Mit dieser Quoten- und Sanktionendiskussion wird meiner Meinung nach die Freiheit von Unternehmen massiv beschnitten, die Firma von denjenigen Personen führen zu lassen, die aus Unternehmenssicht am geeignetsten sind. Das geht definitiv zu weit!

Ich bin überzeugt, dass sich die Frauenfrage in Verwaltungsräten und Kaderpositionen in den nächsten fünf bis zehn Jahren von selber lösen wird. Gemäss der demografischen Entwicklung sind Frauen in der Überzahl. Die aktuellen Zahlen des Schweizerischen Bundesamtes für Statistik zeigen auf, dass im Jahr 2012 rund 3.9 Millionen Männer und 4 Millionen Frauen in der Schweiz lebten. In Österreich zählte man im selben Jahr rund 4.3 Millionen Frauen und 4.1 Millionen Männer[9]. In Deutschland ist der Unterschied noch deutlicher, dort leben rund 41 Millionen Frauen und 39 Millionen Männer[10]. Es gibt aktuell also bei uns mehr Frauen als Männer. Die von allen Seiten geforderte Frauenquote wird wohl schon aufgrund der Geschlechterverteilung hinfällig. Je mehr Frauen es gibt, desto höher ist die Zahl der berufstätigen Frauen und folglich die Wahrscheinlichkeit, dass sich Frauen für eine Karriere entscheiden und in Kaderpositionen gelangen. Vor 20 Jahren waren die Frauen an Universitäten noch in der Unterzahl. Heute sind sie in der Überzahl. Ein aktuelles Beispiel aus Österreich zeigt, dass dieses Jahr an der Medizinischen Universität Wien 393 Frauen und 347 Männer zum Medizinstudium zugelassen wurden[11]. Die Geschlechterverteilung an den Universitäten sieht in der Schweiz und Deutschland nicht anders aus. Die Frauen haben aufgeholt. Es werden zukünftig mehr Frauen an Universitäten abschliessen und da längst nicht alle promovierten Frauen den Wunsch nach Kindern haben, werden auch mehr Frauen für Kaderpositionen zur Verfügung stehen. Zurzeit mögen Frauen im Management noch untervertreten sein, aber hören wir doch auf, dieses Problem, das sich in ein paar Jahren von alleine lösen wird, mit der Brechstange lösen zu wollen.

Ein weiteres Argument der Quotenbefürworter sind Studien, die belegen, dass gemischte Teams erfolgreicher sind als rein männliche oder rein weibliche. Ja, davon bin ich auch überzeugt; zu hundert Prozent sogar. Aber bestimmt nicht Teams, in welche Frauen wegen ihres Geschlechts und nicht wegen ihrer Qualifikationen hineingedrängt werden. Das vergiftet doch das ganze Arbeitsklima. Und wer ist in einem giftigen Umfeld schon produktiv, geschweige denn kreativ?

Die Quote kann bei Frauen auch Druck auslösen, unbedingt Kinder und Karriere unter einen Hut zu bringen. Und damit wird gleich ein bereits bekanntes Problemfeld erweitert. Wir haben schon jetzt überall zu wenig qualifizierte Kinderbetreuungsplätze. Wo bitte sollen die Karrierefrauen ihre Kinder hinbringen, wenn sie im Topmanagement sind?

Menschen – und dazu gehören auch Frauen – möchten aufgrund ihrer Leistung befördert werden. Der Stolz bleibt doch schlicht auf der Strecke, wenn wir wegen unseres Geschlechts in eine Kaderposition aufsteigen.

Was wir brauchen, sind bessere Rahmenbedingungen, damit Beruf und Familie gut vereinbart werden können. Dazu gehören Teilzeitmöglichkeiten auch auf Kaderstufe und flexible Arbeitszeitmodelle. Solche Rahmenbedingungen schaffen für beide Elternteile einen Mehrwert. Männer erhalten die Möglichkeit, sich stärker in die Familie einzubringen und Frauen können sich mehr im Beruf engagieren. Und wenn wir gerade dabei sind: Wer hätte sich vor ein paar Jahren vorstellen können, dass es einmal Hausmänner geben wird? An dieses Bild hat sich die Gesellschaft übrigens auch noch nicht gewöhnt. Hausmänner werden oft schräg angeschaut und als Waschlappen bezeichnet. Mal ehrlich! Schreien die Männer deshalb nach einer Hausmännerquote? Nein. Denn auch diese Entwicklung wird in ein paar Jahren in unserer Gesellschaft als normal betrachtet werden. Lassen wir der Entwicklung doch einfach ihren Lauf!

Wenn eine Frauenquote eingeführt wird, dann müsste man konsequenterweise auch über eine Altersquote, eine Behindertenquote, eine Homosexuellenquote, eine Religions- oder Glaubensquote und bei uns in der viersprachigen Schweiz auch über eine Landessprachenquote diskutieren. Ach ja – diese Diskussion über die Sprachen wird ja bei uns in der Schweiz in Bundesbern bereits geführt. Der Bundesrat hat dazu einen Richtwert eingeführt. Im Rahmen der Revision des Bundespersonalgesetzes sollen ab diesem Jahr die Landessprachen im obersten Kader von bundesnahen Betrieben ausgewogen vertreten sein. Das heisst idealerweise: 65.5 Prozent

Deutschsprachige, 22.8 Prozent Französischsprachige, 8.4 Prozent Italienischsprachige und 0.6 Prozent Rätoromanen[12].

Zukünftig werden Gremien wohl gar nicht mehr nach Personen mit geeigneten Fähigkeiten Ausschau halten können, sondern nur noch nach solchen, die irgendeine Quotenregelung erfüllen.

SCHRITT 1
LOSLASSEN

Ballast abwerfen und sich mit der
Vergangenheit versöhnen

Von Rückschlägen und sonstigen Schlägen

Rückschläge gehören zum Leben wie die Nacht zum Tag. Ich habe noch nie jemanden kennen gelernt, der keine Rückschläge erlebt hat – auch meine erfolgreichen Interviewpartnerinnen und -partner nicht. Aber ich habe Menschen erlebt, die damit besser umgehen können und solche, die weniger gut darin sind. Wer im Leben weiterkommen will, muss nach Rückschlägen wieder aufstehen und schlechte Momente oder Zeiten loslassen können. Denn Loslassen hilft, mit der Vergangenheit abzuschliessen und Neuem entgegenzublicken. Frei werden wir nur, wenn wir loslassen oder wie mein Interviewpartner Dr. Bjørn Johansson sagte: »Wir können die Vergangenheit nicht ändern, nur die Zukunft.«

Gemäss Definition im Duden, dem Standardnachschlagewerk zur deutschen Sprache, heisst Rückschlag: plötzliche Verschlechterung, die nach einer Phase des Vorankommens (unerwartet) eintritt[1].
Ja, Rückschläge können mitunter unerwartet und hart sein und uns umhauen, aber liegenbleiben und nicht aufstehen, ist keine Lösung. Schon Friedrich Nietzsche, ein deutscher Philologe, sagte: »Was

mich nicht umbringt, macht mich stärker.« Doch diese Weisheit erkennen wir meist erst, wenn das Schlimmste vorbei ist.
Rückschläge, und davon gab es mehr als einen, gehören auch zu meinem Leben. Mittendrin in der Situation war es für mich grässlich und manchmal sogar kaum auszuhalten, aber im Nachhinein betrachtet, musste ich Nietzsche Recht geben. Rückschläge haben mich nicht nur stärker gemacht, sondern vor allem zu dem, was ich heute bin.

Zu meinem 40. Geburtstag habe ich mir ein Burnout »geschenkt«. Ja, Sie haben richtig gelesen, ich hab es mir geschenkt. Dass mich auch diese Erfahrung in meinem Leben weiterbringt, habe ich erst viel später erkannt. Als ich mitten drin war und mich entschloss, in eine Burnout-Klinik einzutreten, war ich ganz unten angelangt. Damals dachte ich, dass ich tiefer wahrscheinlich nicht mehr sinken könne.

Das war im April 2009. Ich stand kurz vor meinem 40. Geburtstag und war dabei, mir eine neue berufliche Zukunft aufzubauen. Nach verschiedenen Zusatzausbildungen habe ich nach 17 Jahren meinen Job als Biomedizinische Analytikerin HF im Spital gekündigt und mich mit meiner eigenen Beraterfirma auf den Weg in die Selbständigkeit gemacht. Auch politisch war ich schon einige Jahre engagiert und hatte seit 2007 das Amt als Gemeinderätin in der kommunalen Exekutive einer 6'000 Einwohnergemeinde inne.

Meine berufliche Zukunft hatte ich nun also auf verschiedenen Ebenen aufgegleist. Ich hatte mich so positioniert, dass ich in den unterschiedlichsten Bereichen Erfahrungen sammeln konnte. Als Jungunternehmerin erlebte ich ein Wechselbad der Gefühle, denn die Welt hat ja nicht gerade auf eine neue selbständige Beraterin gewartet. Als Politikerin in einem Exekutivamt hatte ich mich im Fokus der Bürger und Öffentlichkeit zu bewähren. Daneben erlebte ich als Mitglied im kantonalen Care Team nicht nur schwierige Momente, sondern musste auch emotionale Grenzerfahrungen aushalten.

Alle meine Aktivitäten und dazu zwei Kinder, Mann und Haus unter einen Hut zu bringen, war eine Herausforderung. Aber was wäre das

Leben ohne Herausforderungen? Ich liebte Herausforderungen und brauchte diese – übrigens auch heute noch! Gerade meine Zeit als Gemeinderätin konnte man nicht als Zuckerschlecken betrachten, weil das Ressort, das ich übernommen hatte, alles andere als gut funktionierte. Aber was soll's? Ordnung machen und Unstimmigkeiten klären waren schliesslich auch Herausforderungen.

Meine Firma lief unterdessen gut an. Neben interessanten Einzelcoachings kamen Anfragen für Seminare im Bereich Kommunikation und Stressmanagement. Gerade dem Thema Stressmanagement habe ich mich mit viel Hingabe gewidmet. Stress ist in Konflikt- und Krisensituationen schliesslich eminent wichtig und das wollte ich in meinen Seminaren auch vermitteln. Alles in allem kann ich sagen, meine berufliche Neuorientierung hat sich gelohnt und bot mir genügend Spielfelder, mein neues Wissen über Konflikte, Krisen und Stress zu trainieren. Meine Selbständigkeit erlaubte es mir, die Zeit selber einzuteilen. So war ich mittags und abends meistens bei den Kindern zu Hause. Geschäftliche Termine oder Sitzungen in meinem Gemeinderatsressort konnte ich tagsüber ansetzen, das Studium der Sitzungsunterlagen und Seminarvorbereitungen erledigte ich nachts, wenn alle schliefen. Die Nacht war ideal, da hat man sowieso am meisten Ruhe, um ungestört zu arbeiten. Mit Leidenschaft und Perfektion habe ich mich in alle meine Aufgaben und Verpflichtungen gestürzt. Die Arbeit machte mir Spass und da war es auch egal, dass die Nächte lang und der Schlaf kurz waren. Dass ein solches Pensum irgendwann zurückschlägt, können Sie sich sicher vorstellen. Nach wenigen Jahren war es dann auch soweit. Selbstverständlich habe ich als Seminarleiterin für Stressmanagement schon lange erste stressbedingte Verschleisserscheinungen bei mir erkannt, aber als Coach kannte ich auch genügend mentale Strategien, mir immer wieder einzureden, dass es schon gehe. Ich habe mich damit selber belogen und war am Schluss auch nicht mehr in der Lage, die Notbremse rechtzeitig zu ziehen. Der Zusammenbruch kam faustdick. Vier Wochen vor meinem 40. Geburtstag musste ich mir eingestehen, dass ich das Thema Stressbewältigung bei mir nicht umsetzen konnte und eine Burnout-Klinik wohl die einzige Rettung darstellte. Ich schämte mich in Grund und Boden, derart versagt zu haben und quälte mich mit Selbstvorwürfen.

Die Zeit in der Burnout-Klinik war vor allem dazu da, mich mit meiner Situation und meinem Leben auseinander zu setzen und zu erkennen, wie es weitergehen soll. Es war für mich eine sehr schmerzvolle Zeit. Ich musste lernen, diese Situation anzunehmen und Dinge loszulassen. Ich musste akzeptieren, dass Menschen in meinem nächsten Umfeld nicht mit dieser, meiner Situation umgehen konnten. Dass sich Menschen von mir abwandten, weil eine Erschöpfung, ein Burnout oder eine psychische Depression – wie immer man das nennen will – in ihrer Lebensvorstellung keinen Platz hatte.

Die mehrwöchige Auszeit half mir zu erkennen, was ich in meinem Leben ändern musste. Wieder zu Hause habe ich mich schweren Herzens entschlossen, meinen Rücktritt im Gemeinderat zu geben und eine vielversprechende Politkarriere bereits nach wenigen Jahren abzubrechen. Es fiel mir unglaublich schwer, weil ich dieses Amt wirklich gerne ausgeübt hatte. Aber mein Leben konnte und durfte so nicht weitergehen. Auch wollte ich anderen zeigen, was passiert, wenn man dauernd auf der Überholspur fährt. Ich entschloss mich, mit der Bekanntgabe meines Rücktritts als Gemeinderätin, welcher sowieso in der Presse vermeldet würde, auch gleich die wahren Gründe, nämlich mein Burnout, öffentlich zu machen. Damit ging ich auch ein Risiko ein, denn ich wusste nicht, welche Reaktionen ich auf einen solchen Zeitungsartikel zu erwarten hatte. Schliesslich habe ich als Stressmanagerin »versagt«. Vielleicht würde ich mir damit gleich den Ast meines Berufsalltages absägen. Ich konnte es im Vorfeld schlecht abschätzen, aber mein Bauchgefühl sagte mir: »Tu es«.

Die Reaktionen waren unterschiedlich. Es gab Milizpolitiker, die es unangebracht fanden, dass man darüber in der Öffentlichkeit sprach. Obwohl sie selber zugegeben hatten, dass die zeitliche Belastung auch sie oftmals an die Grenzen bringt. Die Mehrheit der Rückmeldungen war aber positiv. Auch Seminar- oder Referatsanfragen zum Thema Stressbewältigung gingen ein. Eine Institution, die mich als

Seminarleiterin anfragte, sagte mir :»Wer weiss mehr über das Thema Stress als Sie? Sie haben das selber so hautnah miterlebt.« Vor allem – und das war für mich wichtig – hat mir dieser Schritt geholfen loszulassen.

Dass mein Burnout ein »Geschenk« war, hat sich erst viel später gezeigt. Heute bin ich dankbar für diese Erfahrung. Sie war zwar zum Teil demütigend und schmerzhaft, aber ich bin wieder aufgestanden und gestärkt aus dieser Situation herausgekommen. Ich bin eine Frau, die unglaublich begeisterungsfähig ist und ich mache vieles mit grosser Leidenschaft. Und wie es das Wort Leidenschaft schon sagt: Es schafft Leiden. Im Unterschied zu früher bin ich mir dessen heute bewusst. Die Gefahr, zu lange auf der Überholspur zu fahren, besteht bei mir immer noch. Achtsam sein und rechtzeitig die Spur wechseln wird ein Lebensthema von mir bleiben, weil Leidenschaft und Begeisterungsfähigkeit ein Teil von mir ist und bleibt.

Diese Erfahrung hat mich in meiner persönlichen Entwicklung einen grossen Schritt weitergebracht. Heute bin ich auf dem Weg, meine Ziele zu realisieren, auch dank einiger Rückschläge, die ich zum Glück loslassen konnte!

Wenn es doch so einfach wäre

Bestimmt haben Sie diesen gut gemeinten Rat »Du musst einfach loslassen und nach vorne schauen« auch schon einmal bekommen. Aber das ist mitunter gar nicht so einfach. Oftmals verbeissen wir uns regelrecht in etwas, trauern einer verpassten Chance nach, schämen uns für einen Misserfolg oder hadern damit, etwas nicht bekommen zu haben, von dem wir glaubten, dass es uns doch eigentlich zustehen sollte. Im Kopf ist meistens klar, dass wir einfach loslassen sollten, aber im Herzen tun wir uns schwer damit. Warum fällt es uns so schwer?

Loslassen bedeutet Verlust. Momente und Erlebnisse verbinden wir mit Erinnerungen, Gedanken und Gefühlen. Und auch wenn diese noch so schlimm waren, das Loslassen ist meist ganz schwer. Menschen verharren lieber im ungeliebten Job oder in der unerfüllten Beziehung, als einen neuen Weg einzuschlagen und ein neues Glück zu finden. Wie gelähmt verharren sie in der bestehenden Situation, unfähig einen Schritt nach vorne zu gehen. Einen Schritt nach vorne machen bedeutet oft, aus der Komfortzone auszutreten. Viele wollen aber in der Komfortzone bleiben, denn da wissen sie, was sie haben. Und Neues und Unbekanntes löst Ängste aus. Wir Menschen sind Meister darin, uns vorzumachen, dass alles doch gar nicht so schlimm ist – wenn wir ehrlich sind, könnte ja alles noch viel schlimmer sein, eigentlich geht es uns ja gar nicht so schlecht. Und so erlauben wir uns, in der Komfortzone zu bleiben. Lieber in der Opferrolle sein und sich selber bemitleiden, als handeln und die Umstände verändern. Gerade Frauen begeben sich gerne in die Opferrolle und baden im Selbstmitleid. Ehrlich gesagt muss ich mich da auch bei der Nase nehmen. Manchmal tut es einfach gut, sich zu bedauern und im Selbstmitleid zu baden. Das ist ok, aber bitte nicht zu lange! Einen kurzen Moment ja, aber nur einen kurzen! Dann nichts wie raus aus diesem Bad. Schliesslich soll es beim Moment bleiben und nicht eine Lebenshaltung werden.

Schauen Sie Rückschläge als Ausgangspunkt für Neues an. Ohne Rückschläge gibt es vielleicht gar kein Vorwärtskommen. Lieber überlegen, was falsch gelaufen ist und einen Strategieplan für die Zukunft schmieden. Winston Churchill hat einmal gesagt: »Erfolg ist die Fähigkeit, von einem Misserfolg zum anderen zu gehen, ohne seine Begeisterung zu verlieren.« Das ist zwar nicht einfach, aber machbar und es funktioniert.

In solchen Situationen hilft eine nüchterne und sachliche Analyse der Gesamtlage. Wie sieht die Ausgangssituation aus, in der Sie sich gerade befinden? Mit welchen Problemen haben Sie zu kämpfen? Listen Sie alle positiven und negativen Punkte auf. Was würde Ihnen in dieser Situation helfen? Welche Lösungsmöglichkeiten haben Sie? Welche Personen könnten Sie um Unterstützung bitten? Hat diese verzwickte Situation auch etwas Positives an sich? Eine schwierige Situation mit solchen Fragestellungen anzugehen, bringt Ihre Gedanken meistens wieder ins Lot. Denn was uns in schwierigen Momenten am meisten daran hindert, eine vernünftige Lösung zu finden, sind unsere unkontrollierten und unstrukturierten, ja zuweilen chaotischen Gedanken. Mir persönlich hilft diese strukturierte Herangehensweise an eine Problematik sehr.

Wenn ich heute von einem Unternehmen als Krisenmanagerin gerufen werde, besteht meine Hauptaufgabe zuerst einmal darin, ganz nüchtern und sachlich die Situation zu analysieren. Eine Krise zu bewältigen ist deshalb so schwierig, weil gerade zu Beginn ein Chaos herrscht. Um überhaupt Ansatzpunkte zu finden, eine Krise zu bewältigen, muss als erstes Ordnung in das Ganze gebracht werden. Erst dann wird es möglich, Wege aus der Krise zu finden. Diese strukturierte Herangehensweise kann ich auch bei mir selber anwenden, denn was mir bei der Krisenbewältigung im Unternehmen hilft, hilft mir auch, persönliche Rückschläge oder Probleme zu lösen.

Gerade wir Frauen brauchen gute Strategien, um Probleme anzupacken, da wir sehr oft emotional reagieren und das macht das Lösen von Problemen nun definitiv nicht einfacher. Versuchen Sie bei der nächsten Herausforderung, das Ganze nüchtern und sachlich auseinander zu dividieren. Sie werden sehen, wie viel einfacher es ist, Lösungen zu finden.

Raus aus der Vergangenheit, rein in die Zukunft

Loslassen löst ein Verlustgefühl aus und das tut fast immer weh. Akzeptieren Sie das! Wer in den Erinnerungen hängen bleibt, wird gedanklich nie frei und nie offen sein für Neues. Vielleicht fällt Ihnen loslassen einfacher, wenn Sie sich vor Augen halten, was passiert, wenn Sie nicht loslassen.

Loslassen heisst nichts anderes als akzeptieren, was war und nach vorne schauen. Verabschieden Sie sich ein für alle Mal von diesem sich permanent drehenden Gedankenkarussell. Solange wir immer und immer wieder dieselben »verzweifelten« Gedanken um das Geschehene oder Verpasste haben, werden wir nicht frei sein für neue Chancen, für eine neue Zukunft. Wir müssen im Kopf entscheiden, dass es nun mal so ist, wie es ist und nach vorne blicken statt zurück! Wenn es Ihnen schwer fällt, das alleine zu bewerkstelligen, dann holen Sie eine Aussensicht ein.

Glauben Sie ja nicht, dass mir das leicht fällt. Für mich ist Loslassen eine der grössten Herausforderungen überhaupt. Loslassen beschränkt sich ja nicht nur auf Dinge aus der Vergangenheit, sondern auch auf Momente, die wir jetzt gerade erleben. Und genau in solchen Situationen habe ich persönlich noch Optimierungsbedarf. Kennen Sie das, wenn Ihre Gedanken pausenlos laufen, wenn wir in einem aktuellen Projekt auf eine Entscheidung warten müssen oder wenn die Zu- oder Absage für einen Auftrag oder eine Stellenbewerbung noch aussteht? Die Gedanken schwirren dann völlig unkontrolliert durch den Kopf und bestimmen das Thema. Wir sind kaum mehr fähig, an etwas anderes zu denken. Es ist deshalb so schwierig, weil die Sache jetzt in einem Stadium angelangt ist, in welchem wir die Dinge nicht mehr alleine beeinflussen können. Es liegt nicht mehr in unserer Hand. Diese Ungewissheit ist für viele Menschen, im Übrigen auch für mich, schlecht zu ertragen. Aber gerade hier sollten wir loslassen, denn wenn wir ständig nur an das Eine denken, absorbiert das einfach zu viele Energien. Oft tendieren vor allem Frauen dazu, sich in etwas zu verbeissen. Dabei täte es gut zu begreifen, dass wir Dinge nicht erzwingen können. Viel besser wäre es, die Sache loszulassen mit den Gedanken: »Wenn es mir gut tut, dann bekomme ich das (was auch immer), wenn nicht, dann hätte es mir auch nicht gut getan.« Mittlerweile funktioniert diese Strategie bei mir schon recht gut. Diese Haltung hilft mir, aus dem Gedankenkarussell auszubrechen. Und sollte der Entscheid (oder was es dann auch immer ist) negativ ausfallen, bin ich beruhigt – es hätte mir ja sowieso nicht gut getan.

Was hilft loszulassen?

Loslassen findet im Kopf statt. Wir müssen bereit sein, Geschehenes zu akzeptieren. Dazu brauchen wir gedankliche Formulierungen, die uns unterstützen:

- Es kann nicht immer alles so laufen, wie wir uns das wünschen
- Andere verhalten sich nicht immer so, wie wir das erwarten
- Wir können nicht immer alles richtig machen
- Fehler gehören zum Leben

Wann immer unsere Gedanken wieder zu kreisen beginnen und wir aufs Neue an etwas denken, das wir loslassen wollen, müssen wir unsere Gedanken stoppen. Wir müssen die Gedanken dominieren können und sagen: »Ich bin bereit loszulassen!«. Das erfordert Beherrschung! Kurt Tepperwein, ein deutscher Autor und Unternehmer und einer der sich intensiv mit dem Thema Loslassen auseinander setzt, spricht in seinem Buch »Loslassen, was nicht glücklich macht« von Gedankendisziplin[2]. Und dieser Begriff bringt es auf den Punkt. Es braucht eiserne Disziplin, nicht immer und immer wieder in diesen Gedankenstrudel zu fallen. Wenn wir das nicht schaffen, dann werden wir Belastendes auch nicht loslassen können.

Verzeihen Sie

Viele Menschen leiden Jahre oder Jahrzehnte darunter, dass sie mit jemandem zerstritten sind. Es geht mir nicht darum, den Moralapostel zu spielen – um Gottes Willen nein. Aber es geht mir darum, dass Sie frei und unbefangen Ihr Leben leben können. Zu viele negative Gedanken und schlechte Energien machen Sie mit der Zeit krank. Es entsteht Groll, Missmut und Verbitterung. Lösen Sie sich von solch alten Geschichten, sie werden Sie sonst ein Leben lang begleiten.
Wenn es Ihnen gelingt, dann sprechen Sie sich mit dieser Person aus. Sollte das zu viel sein, dann schreiben Sie ihr einen Brief.

Schreiben Sie alles auf, was Sie beschäftigt und belastet. Es ist nicht einmal unbedingt nötig, dass Sie diesen Brief abschicken. Alleine alles aufzuschreiben wird Sie emotional entlasten. Loslassen heisst auch verzeihen können.

Machen Sie Ordnung

Manchmal hilft im Kopf loslassen alleine nicht. Wissen Sie nicht genau, wohin Ihre Lebensreise gehen soll? Stehen Sie sich im Moment vielleicht selber im Weg? Fehlen Ihnen Ideen, wie Sie die nächste Karrierestufe in Angriff nehmen können? Dann wandern Sie zur Abwechslung durch Ihre Wohnung. Wie viel Gerümpel hat sich da angesammelt, den Sie nicht mehr brauchen. Es ist ja unglaublich, wie viel wir tagtäglich in unsere Wohnung oder unser Haus tragen. Haben Sie sich auch schon einmal geachtet, wie viel wir wieder hinaustragen? Es ist ein Bruchstück von dem, was rein kommt. Sie glauben nicht, dass dies einen Zusammenhang hat mit Ihren ungelösten Fragen? Na dann misten Sie mal schön aus und ich frage Sie wieder, wie es Ihnen jetzt geht und wie viele Energien dadurch frei geworden sind, andere Dinge anzupacken. Durchs Ausmisten erleben Sie wahre Wunder. Alte und unnötige Dinge loszulassen, ist absolut befreiend und beflügelnd.
Ich kann Ihnen dazu ein ganz aktuelles Erlebnis erzählen. Während ich dieses Buch schrieb, hatte ich eine Zeit, in der ging bei mir gar nichts voran. Ich wusste zwar so der Spur nach, was ich schreiben wollte, aber ich brachte kaum vernünftige Sätze zu Papier und wenn, dann nur ganz harzig. Es war nicht nur total mühsam, ich stand auch ziemlich unter Druck, weil der Abgabetermin für mein Manuskript immer näher rückte. Etwa zur gleichen Zeit geisterte mir immer wieder durch den Kopf, dass ich meinen Kleiderschrank dringend ausmisten sollte. Es hingen so viele Kleider darin, die ich nicht mehr trug, weil sie mir einfach nicht mehr gefielen. Jedes Mal, wenn ich den Schrank öffnete, ärgerte ich mich darüber, dass ich immer noch nicht ausgemistet hatte. Da ich beruflich sehr stark belastet war und jede freie Minute nutzte, dieses Buch zu schreiben, schob ich das

immer wieder zur Seite. Doch eines Abends, ich sass in meinem Büro und versuchte ziemlich verzweifelt zu schreiben, wurde mir plötzlich bewusst, dass ich jetzt zuerst ausmisten musste, sonst werde ich nie fertig mit meinem Buch. Ich holte einen Sack und fing an. Jedes einzelne Kleidungsstück habe ich anprobiert und mich kritisch gefragt, ob ich das wirklich noch trage. Drei prall gefüllte Säcke waren das Ergebnis. Ich habe mich nach dieser Ausmistaktion so befreit gefühlt, nicht nur im Kleiderschrank, auch in meinem Kopf. Das Schreiben ging wieder voran, die Blockade war gelöst. Ausmisten ist befreiend!

Gib es dem Fluss mit auf den Weg

An Silvester pflegen mein Partner und ich schon seit wir uns kennen ein spezielles Ritual. Jeweils am Nachmittag des 31. Dezembers machen wir uns Gedanken darüber, wie das Jahr verlaufen ist. Alles, was schwer und belastend war, schreibt jedes für sich auf einen Zettel. Momente, Situationen, Menschen, egal was – alles, was wir loslassen und nicht ins neue Jahr mitnehmen möchten, schreiben wir auf. Wer fertig ist, faltet sein Papier. Mein Partner hat am Schluss meistens einen Papierflieger und ich ein Schiff. Anschliessend fahren wir an einen Fluss in der Nähe. Je nachdem, wo wir an Silvester sind, ist das in der Regel die Thur, die Aare oder die Saane. Am Fluss angelangt, lassen wir unser Schiff oder den Flieger in den Fluss gleiten, im Wissen darum, dass die schlechten Moment und Erinnerungen mit dem Sog des Wassers davon schwimmen. Es ist ein Ritual und es hilft. So sind wir bereit für das neue Jahr – Altes loslassen, Neues zulassen!

5 Tipps um loszulassen

- Machen Sie eine sachliche Analyse Ihres Problems. Wie sieht Ihre Ausgangslage aus, mit welchen Problemen haben Sie zu kämpfen? Schreiben Sie die positiven und negativen Punkte auf. Was würde Ihnen in dieser Situation helfen? Welche Lösungsmöglichkeiten haben Sie? Welche Personen könnten Sie unterstützen?
- Schreiben Sie alles auf, was Sie loslassen möchten und vernichten Sie diesen Zettel oder fahren Sie an einen Fluss und lassen Sie den Zettel treiben, wie wir das tun oder verbrennen oder vergraben Sie dieses Papier. Wie auch immer Sie den Zettel vernichten, es tut gut und wird befreiend auf Sie wirken.
- Bringen Sie Ordnung in Ihr Leben. Misten Sie Ihr Zuhause gründlich aus und trennen Sie sich von Dingen, die Sie nicht mehr brauchen oder von Kleidern, die Sie nicht mehr tragen.
- Versöhnen Sie sich. Suchen Sie mit der Person, mit der Sie im Streit sind, das Gespräch oder schreiben Sie einen Brief. Schreiben Sie darin alles auf, was Sie belastet und beschäftigt und egal ob Sie diesen Brief abschicken oder nicht, es wird Sie befreien.
- Betrachten Sie Ihren »Rückschlag« und nehmen Sie diesen als Ausgangspunkt für Neues. Hat diese verzwickte Situation auch etwas Positives an sich? Was kann daraus entstehen? Und vor allem glauben Sie an sich selber und daran, dass Sie es können.

SCHRITT 2

SELBSTSICHERHEIT

Ist lernbar – mutig in eine neue Zukunft

Selbstsicherheit – sich seiner Selbst sicher sein

Für Selbstsicherheit existieren viele verschiedene Begriffe: Selbstbewusstsein, Selbstwertgefühl, Selbstverliebtheit, Überheblichkeit, Arroganz. Viele haben den Eindruck selbstsicher sei, wer reich, schön und erfolgreich ist, ein grosses Auto fährt, einen tollen Job, ein hohes Einkommen und ein grosses Haus hat. Aber das hat mit Selbstsicherheit wenig zu tun. Selbstsicher sein bedeutet, seine Eigenheiten, seine Stärken, aber auch seine Schwächen zu kennen und zu akzeptieren. Es heisst, seine Stärken gezielt einsetzen zu können und seine Schwächen anzuerkennen und daran zu arbeiten, ohne dass man sich deswegen schlecht macht. So wie jeder Mensch Stärken hat, hat er auch Schwächen. Die Frage, die wir uns stellen müssen, ist »Wie stark lassen wir uns von unseren Ecken und Kanten beeinflussen?«. Ideal ist, wenn wir über uns sagen können: »So wie ich bin, bin ich ok. Ich liebe mich als Mensch mit all meinen Stärken und Schwächen.« Pearl S. Buck, eine amerikanische Schriftstellerin und Nobelpreisträgerin, hat dies auf eine wundervolle Art und Weise beschrieben: »Die grossen Tugenden machen einen Menschen bewundernswert, die kleinen Fehler machen ihn liebenswert.«

Wenn wir Frauen das doch endlich begreifen würden! Frauen haben immer den Eindruck, alles perfekt machen zu müssen, alles zu können und auch noch für alle da zu sein. So oft stellen sie sich selber unter den Scheffel, machen sich kleiner als sie wirklich sind. Erhalten sie ein Kompliment oder werden für eine gute Arbeit gelobt, relativieren sie das oft gleich selbst. Das schöne Kleid ist nichts Besonderes, nur ein Schnäppchen aus dem letzten Ausverkauf und das erfolgreich abgeschlossene Projekt hätten andere genau gleich gut gemacht. Na – klingelt es bei Ihnen? Erkennen Sie sich etwa selber? Dann gratuliere ich Ihnen, das ist nämlich der erste Schritt zur Besserung. Sagen Sie zukünftig einfach nur: »Danke, freut mich, dass es Ihnen gefällt.« Punkt, Ende, keine weiteren Erklärungen oder Rechtfertigungen – einfach nur DANKE! Und noch etwas, es geht in die gleiche Richtung wie Komplimente annehmen. Wenn Ihnen ein Job oder ein Projekt angeboten wird, das Sie übernehmen können, dann zermürben Sie sich nicht den Kopf, dass Sie das allenfalls nicht können. Wenn man Sie fragt, dann gehen Sie davon aus, dass andere Ihnen das zutrauen, sonst würde man Sie nicht fragen!

Frauen stellen sich oft nicht ins rechte Licht, glauben nicht an sich selber und trauen sich einfach zu wenig zu. Das muss dringend geändert werden.

Auch so ein Klassiker sind Stellenausschreibungen. Haben Sie gewusst, dass sich Männer in der Regel auf ein Stelleninserat bewerben, wenn sie durchschnittlich 40 Prozent des Bewerberprofils erfüllen und Frauen, wenn sie rund 80 Prozent erfüllen? Ein Mann denkt sich, was er noch nicht erfüllt, kann er ja noch lernen. Eine Frau denkt, sie müsse vom ersten Tag an schon alles mitbringen und können.

Gerade in einem Stelleninserat wird fast immer die »Eierlegende Wollmilchsau« gesucht. Es gibt wohl kaum einen Menschen, der alle Anforderungen erfüllt. Und dennoch glauben Frauen sehr oft daran, dass es immer noch jemanden gibt, der es besser macht oder alle Anforderungen erfüllt. Und schon ist der Mut weg. Wenn sie sich trotzdem noch bewirbt, dann mit einem ganz schlechten (Selbstwert-)Gefühl. Dass dies nicht die besten Voraussetzungen sind für eine Bewerbung, ist wohl selbsterklärend. Je weiter nach oben wir im Business steigen wollen, umso mehr müssen wir auch von unseren Fähigkeiten überzeugt sein und an uns glauben. Das gilt für Mann und Frau. Im Business können wir nur überzeugen, wenn wir im Innersten an uns glauben und dies nach aussen ausstrahlen.

Eine Studie am Lehrstuhl für Englische Sprache und Kultur der Universität Passau zeigt auf, dass sich Frauen in Bewerbungsgesprächen schlechter verkaufen als Männer. Untersucht wurde der Sprachgebrauch von Männern und Frauen im Job-Interview. Dabei kam heraus, dass sich Männer kompetenter darstellen, eine grössere sachlichere Ausdrucksweise haben und über einen dominanteren Sprachgebrauch verfügen als Frauen. Frauen dagegen weisen einen persönlicheren Sprachgebrauch aus, reden weniger und gebrauchen in ihrer Ausdrucksweise weniger sprachliche Mittel, die Sicherheit vermitteln. Zusammengefasst heisst das nichts anderes als »Frauen verkaufen sich unter ihrem Wert«.[1]

Ich kann das selber bestätigen. In meinen Führungsseminaren erlebe ich das nahezu jedes Mal. Wenn ich mit meinen Seminarteilnehmenden über mögliche Karriereschritte diskutiere, fragen sich die Frauen »Kann ich das denn?«, wogegen Männer fragen »Was habe ich zu tun?«.

Bitte, liebe Ladies, wenn Sie sich für den nächsten Karriereschritt bewerben, dann treten Sie selbstbewusst auf. Die wenigsten Bewerber erfüllen alle gesuchten Anforderungswünsche an eine Stelle.

Ich geh mal eben ins Bad und mach mich fertig...

Lesen Sie diesen Satz nochmal ganz langsam: Ich – geh – mal – eben – ins – Bad – und – mach – mich – fertig. Erkennen Sie sich wieder? Wie oft gehen Sie ins Bad und betrachten sich überkritisch im Spiegel? Von allen Seiten – von vorne, von hinten, im Profil? Sie betrachten sich so lange, bis Sie etwas finden, das Ihnen nicht passt. Das geht mal länger, mal weniger lang, aber fündig werden Sie bestimmt immer. Die Frisur sitzt nicht, auf der Nase spriesst ein

Pickel, die dunklen Augenringe sind kaum zu übersehen und der krönende Abschluss ist dann meistens der Gang zur Waage – et voilà, der Tag ist gelaufen! Das haben Sie nun davon, wenn Sie so denken! Mit diesem niederschmetternden Selbstbild verlassen Sie also die Wohnung und treffen unterwegs nur Menschen, die schöner, schlanker, intelligenter und erfolgreicher sind als Sie – Ihre Selbstkasteiung nimmt ihren Lauf. Frauen beherrschen die Suche nach eigenen Schwachstellen und das sich ständige Vergleichen mit anderen aus dem Effeff! Beim Anblick der vielen tollen Modells auf riesengrossen Plakaten und Hochglanzzeitschriften vergessen sie glatt, dass diese Fotos alle nachbearbeitet sind. Sie vergessen, dass niemand perfekt ist! Und dieses ständige Vergleichen mit anderen ist unglaublich anstrengend und zermürbend. Niemand kann fürsorgliche Mutter, erfolgreiche Karrierefrau und leidenschaftliche Geliebte sein – zumindest nicht gleichzeitig!

Solche Badezimmernummern hat jede von uns schon erlebt und sicher auch das schlechte Gefühl, das daraus resultiert. Aber mit dieser inneren Einstellung werden Sie keinen überzeugenden Auftritt hinkriegen. Glauben Sie mir, solche Tage kenne ich auch. Da finde ich kein einziges gutes Haar an mir. Ich bade dann in meinem Selbstmitleid über mein Aussehen und würde mich am liebsten den ganzen Tag irgendwo verkriechen und unsichtbar bleiben. Zum Glück geht das in meinem Job nicht und so musste ich mir eine Strategie überlegen, wie ich mit solchen Tagen umgehen kann. Wenn mich also solche Miesetage überkommen, stelle ich mich vor den Spiegel und suche etwas an mir, das mir gefällt. Zugegeben, gerade an solchen Tagen ist dies Schwerstarbeit, aber wenn ich mich sehr bemühe, dann finde ich etwas. Und diese Mühe muss sein, sonst funktioniert die Strategie nicht! Manchmal gefällt mir mein Blazer oder die Bluse, die ich trage, die Halskette oder meine Augen. Ich sage mir dann innerlich, dass mir die Bluse gut steht oder meine Augen schön strahlen. Ich muss das mit Überzeugung sagen, sonst bringt es nichts. Das braucht zwar etwas Übung, aber es lohnt sich. Ich fühle mich dann schöner und selbstsicherer. Also geh ich mal eben ins Bad und bewundere mich!

Halte deinen inneren Saboteur in Schacht und nutze den Placebo-Effekt

Wissen Sie, mit wem wir zeitlebens am meisten reden? Mit uns selber. Wir haben zig verschiedene Berater oder Stimmen in uns drin, die alles und jedes kommentieren. Haben wir ausnahmsweise mal den Zug verpasst, geht es schon los: »Wärst du früher aufgestanden!«, »Hättest du nur deine Sachen am Vorabend bereit gemacht!«, »Typisch, musste ja so kommen, so chaotisch wie du immer bist!«. Ich bin sicher, Sie kennen diese inneren Dialoge genauso gut wie ich. Sie sind in der Regel nicht wirklich aufbauend, im Gegenteil, sie können brutal und niederschmetternd sein. So wie wir mit uns selber reden, würden wir sonst mit niemandem sprechen. Der Dialog in der Badezimmergeschichte von vorhin läuft genauso ab. Auch die Kommentare vor dem Spiegel lassen zu wünschen übrig und von daher erstaunt es auch nicht, dass über die Hälfte aller Frauen weltweit der Aussage zu stimmen, dass sie selber ihr grösster Kritiker beim Thema Schönheit sind. In Deutschland sollen das gemäss der Studie »Die ganze Wahrheit über Schönheit« von Dove sogar 66 Prozent der Frauen über sich sagen.[2] Grauenhaft, wie wir über uns selber denken und uns beleidigen. Und das Schlimmste: Unser Gehirn setzt alles daran, in den unzähligen Erinnerungsarchiven, die wir haben, alles zu suchen, was diese Denkweise bestätigt, wie eine Internetsuchmaschine. Und so werden unsere negativen, selbstzerfleischenden Gedanken untermauert und wir befinden uns sofort in einem schlechten Zustand. Das fördert weder unser berufliches Weiterkommen noch unsere Gesundheit. Im Gegenteil, das macht uns zu frustrierten Menschen ohne jede schöne Ausstrahlung.
Unsere Energie fliesst dorthin, wo unsere Aufmerksamkeit ist. Denken wir schlecht, fühlen wir uns schlecht. Denken wir positiv, fühlen wir uns positiv. Wir können wählen, wohin unsere Energie fliessen soll. Entscheiden Sie sich für den positiven Weg, das macht mehr Spass! Dazu müssen wir anfangen, schlechte oder negative Gedanken zu stoppen und mehr und mehr durch positive, aufbauende Gedanken zu ersetzen. Nutzen wir die Kraft der positiven Gedanken!

Der Glaube kann bekanntlich Berge versetzen. Dass das stimmt, weiss man auch aus der Medizin.

Sie kennen ihn bestimmt, den Placebo-Effekt. Dieser Ausdruck wird im Zusammenhang mit der Wirksamkeit von Medikamenten gebraucht. Placebos sind Präparate, die keine arzneilich wirksamen Inhaltsstoffe enthalten. Diese werden in kontrollierten klinischen Studien eingesetzt, um die Wirksamkeit von Medikamenten zu überprüfen. Placebo-Präparate bestehen meist aus Zucker oder Stärke. Unter dem Placebo-Effekt versteht man alle positiven psychischen und körperlichen Reaktionen, die nicht auf die spezifische Wirksamkeit einer Behandlung zurückzuführen sind, sondern auf deren psychische Reaktion der Behandlung[3]. Das heisst nichts anderes, als dass die Überzeugung hilft!

Immer wieder werden unter Ärzten unzählige Diskussionen geführt, ob homöopathische Kügelchen, Tropfen und Salben wirklich helfen. Die einen schwören darauf, viele Schulmediziner stellen sie aber immer wieder infrage. Falls eine Schulmedizinerin dieses Buch lesen und Homöopathie grundsätzlich in Frage stellen sollte, so möchte ich einfach Folgendes sagen: Es ist doch völlig egal, ob die Wirksamkeit wissenschaftlich untermauert ist. Wichtig ist doch nur, dass es den Patienten hilft, weil sie daran glauben.

Vom inneren Dialog war auch der ehemalige deutsche Nationaltorwart Oliver Kahn oft geplagt. In seinem Buch »Ich. Erfolg kommt von Innen« beschreibt er, was er gemacht hat, um Erfolg zu haben, was er falsch gemacht hat und was er daraus gelernt hat. Sein innerer, negativer Dialog hat ihm viele Steine in den Weg gelegt und er beschreibt, wie er es geschafft hat, seinen destruktiven Dialog in starkes Denken umzuwandeln. Während seiner gesamten Karriere hat er daran gearbeitet, diesen inneren Dialog so zu gestalten, dass dieser auch in schlechten Zeiten für ihn und nicht gegen ihn gearbeitet hat.[4] Er ist bei weitem nicht der einzige Sportler, der mit positivem Denken oder mentaler Kraft arbeitet. Auch der Schweizer Tennisprofi Roger Federer arbeitet an sich, damit er auf dem Tennisplatz cool und kontrolliert wirkt. An sich arbeiten und mental stärker werden heisst, den inneren Dialog so zu formen, dass wir mit uns freundlich und aufbauend reden[5].

Nutzen wir also die Kraft der Gedanken oder mentale Stärke für unsere Pläne, Karriere zu machen. Stärken wir unser Selbstvertrauen für den Weg in die Teppichetage. Üben wir von heute an tagtäglich, uns mit positiven Gedanken in einen selbstbewussten Zustand zu bringen. Dale Carnegie, ein US-amerikanischer Kommunikations- und Motivationstrainer im Bereich des positiven Denkens, hat es auf den Punkt gebracht: »Glück hängt nicht davon ab, wer du bist oder was du hast, es hängt nur davon ab, was du denkst.« Stoppen wir also schlechte Gedanken und reden uns stattdessen Mut zu. Anstatt »Ich schaffe das nicht« heisst es ab heute »Ich kann das« oder »Ich bin gut vorbereitet und gebe mein Bestes«. Aus wissenschaftlichen Untersuchungen weiss man übrigens, dass solche positiven Selbstgespräche beruhigen können.

Was dem Selbstwert sonst noch gut tut

Viele Menschen – die meisten? – sind so konditioniert, dass sie die guten Dinge vergessen und die schlechten dafür auf ihrer geistigen Festplatte einbrennen. Komplimente gehen irgendwo in den Hirnwindungen verloren, Kritik wird dafür griffbereit abgelegt. Das kennt auch die Chefredakteurin des »SonntagsBlick«, Christine Maier. Sie hat mir im Interview erzählt, wie sie eine Zeit lang nur noch die negativen Feedbacks auf ihre Fernsehsendungen wahrgenommen hat. Alle positiven hat sie ausgeblendet. Ihr Coach hat ihr dann geraten, die negativen Feedbacks genau gleich zu werten wie die positiven. Um ein negatives Feedback auszugleichen, brauchen wir zehn gute Feedbacks. Abends im Bett erinnern wir uns vor allem an diejenigen Dinge, die wir tagsüber nicht geschafft haben und vergessen alle Sachen, die wir erledigt und erfüllt haben. Ja, so ticken wir Menschen und machen uns damit klein und winzig. Höchste Zeit, dass wir da etwas ändern. Rufen wir uns die Dinge ins Gedächtnis, die wir gut können.

Nehmen Sie ein Blatt Papier und schreiben Sie alles auf, was Sie können und wofür Sie Komplimente erhalten. Was können Sie in Ihrem Beruf, welche positiven Eigenschaften haben Sie als Mutter oder Vater, welche Kompetenzen sind in Ihrem Verein oder Vorstand gefragt, was zeichnet Sie als beste Freundin aus? Ist ja klar, dass sich Ihre innere Stimme dabei wieder kritisch meldet: »Kochen kannst du eigentlich schon, aber denk mal daran, wie der Rindsbraten beim letzten Mal geschmeckt hat.« Stellen Sie diese destruktiven Stimmen ab, während Sie diese Übung machen. Niemandem gelingt immer alles! Und wir können auch nicht 24 Stunden pro Tag, sieben Tage die Woche, 52 Wochen im Jahr freundlich und nett sein. Aber wenn Sie dies im Grundsatz sind, dann schreiben Sie das auf! Seien Sie bitte etwas grosszügig mit sich selber, wenn Sie diese Arbeit machen. Sich schriftlich vor Augen zu halten, was wir alles können, tut unglaublich gut und stärkt unser Selbstvertrauen. Schauen Sie sich Ihre Liste mit Kompetenzen und Komplimenten immer und immer wieder an. Damit Ihr Selbstvertrauen wächst, müssen Sie dieses ständig damit füttern.

Den Hit finde ich persönlich, ein Erfolgstagebuch zu führen. Wie der Name schon sagt, ist das ein Buch mit Ihren persönlichen Erfolgserlebnissen, auch den ganz kleinen, die Sie Tag für Tag erleben. Ich habe mir für meine täglichen Erfolgs- und Glücksmomente ein schönes, kleines Buch gekauft. Jeden Abend schreibe ich mindestens drei Dinge auf, die mir am heutigen Tag gut gelungen sind oder die mich gefreut haben. Diese positiven Momente stärken einerseits das Selbstwertgefühl und andererseits trimmen wir unser Inneres, unseren Fokus auf positive Dinge zu richten. Zu Beginn werden Sie sich möglicherweise etwas schwer tun damit, drei positive Erfolgserlebnisse zu finden. Aber Sie werden erleben, wie Ihnen das mit der Zeit keine Mühe mehr bereiten wird, weil Sie Ihre Energie und Ihre Aufmerksamkeit auf die schönen und positiven Dinge im Leben richten. Das nennt man das Gesetz der Resonanz oder das Gesetz der Anziehung – Gleiches zieht Gleiches an. Mein Erfolgstagebuch tut mir richtig gut und ich möchte es nicht mehr missen. An schlechten Tagen kann ich darin blättern und es erinnert mich augenblicklich daran, wie viele Erfolge ich schon erlebt habe.

Ein starkes Selbstvertrauen kommt übrigens nicht von heute auf morgen. Es braucht schon etwas Training, bis wir erste Ergebnisse sehen können. Mit der Persönlichkeitsentwicklung ist es wie mit dem Spitzensport oder dem Lernen einer Fremdsprache. Damit ein Sportler Höchstleistungen erbringen kann, muss er regelmässig trainieren. Und wenn Sie sich in einer anderen Sprache unterhalten wollen, müssen Sie Vokabeln lernen und kontinuierlich üben. Genau gleich funktioniert auch die Arbeit mit uns selber. Es braucht etwas Zeit, aber der Einsatz wird sich lohnen.

Wir sind nicht dazu da, es allen recht zu machen

Ein weiterer Selbstbewusstseinskiller ist die häufige Meinung – hauptsächlich von Frauen – sie müssten es allen recht machen. Über Generationen wurden Frauen dazu erzogen, vor allem für andere da zu sein und für andere zu schauen. Die eigenen Bedürfnisse werden hinten angestellt. Es geht darum, die Erwartungen anderer zu erfüllen. Im Laufe der Zeit hat sich in dieser Denkhaltung sicher vieles verändert. Frauen stehen heute mehr zu ihren Bedürfnissen und erfüllen sich eigene Wünsche. Aber wir sind noch nicht da angelangt, wo wir hinmöchten und auch hingehören. Noch immer höre ich viele Frauen sagen, dass sie das schlechte Gewissen plagt, wenn sie versuchen, Kinder und Arbeit unter einen Hut zu bringen. Wir müssen lernen, uns und unseren Fähigkeiten mehr Wertschätzung entgegen zu bringen, so wie wir gelernt haben, andere wertzuschätzen. Wenn wir uns mehr Selbstachtung schenken und lernen, uns so anzunehmen wie wir sind, werden wir unser Selbstwertgefühl steigern und das auch ausstrahlen. Monique R. Siegel, deutsche Trendforscherin und Querdenkerin, hat es treffend formuliert: »Sich selbst mögen, mit allen Unzulänglichkeiten und andere Menschen mögen, auf die man dann strahlend zugeht.«

Selbstmut, das neue Schlüsselwort

Vielen Frauen fehlt es an Mut. Mut sich irgendwo einzubringen, Mut an sich zu glauben, Mut sich etwas zuzutrauen, Mut den nächsten Karriereschritt anzupacken, Mut Fehler zu machen. Dieser fehlende Mut hat einerseits mit dem mangelnden Selbstvertrauen zu tun, andererseits damit, dass Frauen keine Fehler machen wollen. Um auf der Karriereleiter den nächsten Schritt zu machen, brauchen wir Selbstmut! Ohne wird es nicht gehen. Bestimmt sind Ihnen auf dem Weg nach oben schon Fehler passiert oder sie werden Ihnen noch passieren, aber die gehören zum Leben! Wichtig ist, dass Sie dazu stehen und analysieren, was schief gelaufen ist, Ihre Lehren daraus ziehen und wieder aufstehen.

Während ich an diesem Buch schreibe, läuft gerade die Fussballweltmeisterschaft in Brasilien. Die Schweizer Nationalmannschaft hat das Spiel gegen Frankreich mit 2:5 verloren. Nicht genug, dass die Mannschaft damit zu kämpfen hat, dass sie verloren hat, nein, in allen Zeitungen werden gemachte Fehler auch noch aufgebauscht. Nicht wirklich aufbauend für das Selbstvertrauen der Spieler. Was müssen sie also tun, um im nächsten Spiel nicht völlig entmutigt auf den Gegner zu treffen? Ottmar Hitzfeld, Trainer der Schweizer Nationalmannschaft, beschreibt, wie sie nun das Spiel rasch möglichst analysieren, das Spiel auf Video ansehen und dann den Blick schnell nach vorne richten[6]. Genau so geht es auch im Fussballspiel des Lebens, im Business. Wenn wir nach einem missglückten Karriereschritt oder einem misslungenen Projekt weiterkommen wollen, müssen wir hinschauen und den Fehler erkennen. Wir können nur besser werden, wenn wir sehen, was wir falsch gemacht haben. Wichtig ist dabei, unser Augenmerk nicht nur auf die gemachten Fehler zu richten, sondern im selben Ausmass auch auf die erlebten Erfolge.

Ein Teil meiner Arbeit als Krisenmanagerin besteht darin, Krisenstäbe in Unternehmungen zu trainieren und simulierte Krisenfälle mit ihnen zu üben. Der firmeninterne Krisenstab ist in diesen

Übungen gefordert, das Unternehmen bestmöglich aus dieser Krise zu führen. Dabei gibt es nicht nur Erfolge, es passieren auch immer wieder Fehler und das ist gut so. Genau dafür üben wir solche Szenarien; um zu sehen, wo noch Optimierungsbedarf besteht. In jeder Übung werden diese Krisenstäbe besser und sicherer, weil sie aus den Fehlern vom letzten Mal gelernt haben.

Werden also auch Sie mutiger und erlauben Sie sich, Fehler zu machen. Gerade Frauen haben da noch Optimierungspotenzial. Es fehlt an Mut, sich irgendwo einzubringen, etwas anzupacken oder umzusetzen. Das kenne ich bei mir auch und ich ringe immer mal wieder mit meinem Selbstmut. Ich bringe mich zwar gerne ein oder packe etwas an, aber sobald ich mir zu viele Gedanken mache, kommt dann die Sache mit dem Mut.

Ein typisches Beispiel, wie es in solchen Momenten bei mir abläuft: In diesem Frühjahr erhielt ich eine Referatsanfrage zum Thema Krisenmanagement an einem internationalen Kongress in Deutschland. Ich freute mich über die Anfrage und da ich sowieso gerne Referate halte und es in meinen Terminkalender passte, sagte ich spontan zu. Ich habe also die Referatsausschreibung vorbereitet und eingeschickt. Kurz darauf kam das Kongressprogramm mit den Angaben zu allen Referenten und Referaten. Als ich das Programm in den Händen hielt, wurde mir kurz etwas mulmig. Mein Referat wurde auf 13.30 Uhr angesetzt. Die Gedankenmühle fing an sich zu drehen: »Toll, das ist Schwerstarbeit nach dem Mittagessen. Da musst du voll einfahren mit deiner Präsentation, sonst schlafen die ein.« Auf dem Programm suchte ich vergeblich nach weiteren Referentinnen, es waren »nur« Referenten. Klar, war ja zu erwarten, bei dem Thema. Und die Krönung meiner Gedanken war die Vorstellung, wie ich mit meinem schweizerischen Hochdeutsch in Deutschland zur Lachnummer werde. Der innere Dialog lässt grüssen und der Selbstmut wankt. Wissen Sie, eigentlich weiss ich ja, dass ich das kann. Ich halte schon so viele Jahre Seminare und Referate und dennoch hat mich der Mut fast verlassen. Wichtig ist, sich in solchen Momenten nicht unterkriegen zu lassen. Für mich gab es zwei Dinge zu tun. Erstens das Referat optimal vorzubereiten und zu üben. Zweitens Erfolgserlebnisse, die ich ja schon sehr oft hatte, wieder in Erinnerung zu rufen. Und diese Vorbereitungen, sowohl technisch wie mental, brachten dann auch den Mut zurück.

Seien Sie ein Original

Es gibt über sieben Milliarden Menschen auf dieser Erde und jeden von uns gibt es nur einmal – wir sind einzigartig. Finden wir also unseren eigenen Stil, setzen wir unsere eigenen Massstäbe! Machen Sie sich nicht kaputt wegen ein paar Unzulänglichkeiten, die Mutter Natur für uns bestimmt hat. Jeder Mensch hat neben seinen Sonnenseiten auch seine »Problemzönchen«, lassen Sie diese nicht zu Problemzonen werden. Und all diejenigen, die ein paar Kilos zu viel haben – ich gehöre im Übrigen auch zu denen – sollen wissen, das ist kein »Speck«, das ist erotische Nutzfläche. Diese wunderbare Umformulierung von ein paar Kilos zu viel, hat mir einmal eine Modeberaterin verraten.

Finden Sie heraus, was Ihnen steht und schmeichelt. Gerade mit den richtigen Kleidern können wir viel herausholen. Gönnen Sie sich eine Stilberatung und lassen Sie sich zeigen, wie Ihre Garderobe optimal aussieht. Mit guten Tricks werden Sie ins rechte Licht gerückt. Und nicht immer braucht es ein komplett neues Outfit – oft reichen Basiskleider, die verschieden miteinander kombiniert werden können.

Je weiter Sie in die Teppichetage vordringen möchten, desto wichtiger ist auch Ihr Erscheinungsbild, ob Sie das hören wollen oder nicht. Nur mit Kompetenz alleine gewinnen Sie nicht! Kleider machen nun mal Leute. Und je schöner Sie sich in Ihren Kleidern und mit Ihrem Äusseren fühlen, desto selbstsicherer wird Ihr Auftritt.

Zum Businessauftritt gehört selbstverständlich auch ein gepflegtes Erscheinungsbild. Dezent geschminkt und gepflegte Hände sind auf jeden Fall Pluspunkte.

Runden Sie Ihren Auftritt mit schönen Accessoires ab. Ein Foulard oder eine schöne Halskette peppt Sie auf. Aber Achtung, weniger ist hier oftmals mehr. Zu viel Schmuck verwandelt Sie schnell in einen reich geschmückten Weihnachtsbaum und das wollen Sie bestimmt nicht sein. Wählen Sie mit Sorgfalt eine passende Handtasche und passende Schuhe aus. In die Handtasche gehören neben all den unerlässlichen Dingen, die Frau so braucht, auch Reservestrümpfe. Nichts macht Sie so unsicher, wie eine sichtbare Laufmasche im Strumpf. Und zu guter Letzt besprühen Sie sich diskret mit einem feinen Duft. Diskret ist hier das Zauberwort. Es ist nicht nötig, dass man schon im Lift riecht, dass Sie bereits im Büro am Arbeiten sind.

Ein gutes Aussehen verleiht Ihnen Selbstsicherheit. Stellen Sie Ihre Vorzüge ins rechte Licht und fokussieren Sie sich auf Ihre Stärken. Geniessen Sie Ihren nächsten Auftritt. Lesen Sie mehr dazu im Kapitel »Schritt 3- Karriereplanung«.

Aus der Psychotherapie weiss man, dass auch eine aufrechte Haltung die innere Befindlichkeit beeinflussen kann. Versuchen Sie es selber aus und stellen Sie sich hüftbreit hin. Lassen Sie zuerst Ihren Kopf, Ihre Arme und Schultern hängen – jetzt spüren Sie in sich hinein, wie sich das anfühlt. Fühlen Sie sich nicht auch unmotiviert, lustlos, unsicher, vielleicht sogar etwas deprimiert? Nun stellen Sie sich aufrecht hin. Gerader Rücken, Kopf hoch, Schultern nach hinten. Und? Wie fühlt sich das an? Ist doch viel besser, oder? Mit einer aufrechten Körperhaltung sehen wir nicht nur viel besser aus, wir geben auch nach innen das Signal, dass wir uns stärker und selbstbewusster fühlen. Versuchen Sie einmal, in dieser aufrechten Position traurig zu sein. Das ist kaum möglich.
Eine Sporttherapeutin hat mir verraten, dass wir mit aufrechtem Gang und aufrechter Körperhaltung glatt drei Kilo leichter aussehen. Für mich lohnt es sich schon deswegen.

Einen grossen Teil dieses Buches habe ich in meinen Ferien in Abu Dhabi geschrieben. Bei Ausflügen an die verschiedensten Orte habe ich viele einheimische Frauen gesehen. Diese tragen eine schwarze Abaya. Das ist ein ärmel- und knöchellanges, schwarzes Kleid. Die Haare, aber nicht das Gesicht, bedecken sie mit einem schwarzen Kopftuch. Viele dieser Frauen haben ihre Gesichter und vor allem die Augen wunderschön geschminkt. Egal, ob eine Frau hübsch war oder nicht, mit erhobenem Haupt und stolzem Blick haben sie sich bewegt. Ich und übrigens auch mein Partner waren fasziniert, mit wie viel Anmut und Stolz sich diese Frauen bewegen. Hier habe ich live erlebt, wie viel Schönheit und Stolz ein aufrechter Gang vermitteln kann.

Mit so wenig können Sie so viel zum Positiven beeinflussen. Machen Sie Ihre aufrechte Körperhaltung zu Ihrer Lebenshaltung. Und wenn Sie sich einmal unsicher fühlen, dann überprüfen Sie Ihre Körperhaltung. Ich bin überzeugt, Ihre Schultern hängen runter und der Rücken ist gekrümmt.

5 Tipps für ein starkes Selbstbewusstsein

- Listen Sie alles auf, was Sie besonders gut können und wofür Sie schon Komplimente erhalten haben. Schreiben Sie alles auf, was Ihnen in den Sinn kommt. Sie werden staunen, was sich da alles ansammelt. Sehen Sie sich die Liste immer wieder an.
- Führen Sie ein Erfolgstagebuch. Schreiben Sie jeden Abend Ihre drei schönsten und erfolgreichsten Tagesmomente auf. Es müssen nicht immer die grossen, Aufsehen erregenden Dinge sein. Auch die kleinen Erfolge machen uns stolz!
- Akzeptieren Sie Ihre Schwächen und lernen Sie, damit umzugehen. Jeder Mensch hat Schwächen und das zu wissen tut gut.
- Nehmen Sie eine aufrechte und stolze Haltung ein. Gerader Rücken, Kopf hoch, Schultern nach hinten. Verinnerlichen Sie das bei jeder sich bietenden Gelegenheit, egal wo, ein aufrechter Gang ist immer schön!
- Werden Sie mutig. Mutig auch Fehler zu machen. Wenn Sie aus Ihren Fehlern lernen, bringt Sie das einen grossen Schritt weiter. Arbeiten Sie an Ihrem Selbstmut!

SCHRITT 3

KARRIEREPLANUNG

Nicht darauf hoffen, entdeckt zu werden!

Die Gretchenfrage

Karriere wird heute früher gemacht als noch vor 20 Jahren. Der Sprung in die Chefetage beginnt gegenwärtig im Alter um 40 und nicht mehr um 50, wie das früher war. Und gerade um 40 ist heute auch die Zeit, in welcher viele Frauen vor der Kinderfrage stehen. Die Ausbildung oder das Studium ist abgeschlossen, sie konnten einige Jahre Berufserfahrung sammeln, vieles von der Welt haben sie bereits gesehen und nun stellt sich die Frage, wie es weitergehen soll. Es liegt nun mal in der Natur der Frau, dass sie Kinder gebärt. Und hier sieht mein Interviewpartner Dr. Bjørn Johansson den grossen Unterschied zwischen Frauenkarriere und Männerkarriere: »MKKKK – Männer können keine Kinder kriegen«. Und so stehen Frauen unweigerlich vor der Gretchenfrage – will ich Kinder oder nicht? Wenn ja, was bedeutet das für mein Leben und für meine Karriere? Kinder und Karriere – das ist nicht unmöglich, aber es gibt gewisse Hürden, die Sie bewältigen müssen.

Die Entscheidung »Kinder – ja oder nein« kann und wird Ihnen niemand abnehmen, das wird immer Ihr ganz eigener Entscheid sein. Natürlich fällen die meisten Frauen diesen Entscheid zusammen mit ihrem Partner oder Ehemann, letztlich tragen aber immer die Frauen die Konsequenzen. Sie gebären, sie stillen und sie erleben die Gefühlswelt und mitunter auch das Gefühlschaos einer Mutter. Und auch wenn Väter heute sehr oft mehr Verantwortung übernehmen, die naturgegebene emotionale Bindung an Kinder, wird Ihnen nie jemand abnehmen können. Und gerade diese Bindungsgefühle machen eine (berufsbedingte) Trennung von den Kindern so schwierig. Übrigens: Diese Trennung ist keiner meiner Interviewpartnerinnen, die Kinder hat, leicht gefallen, mir auch nicht.

Wenn Sie sich für Kinder entscheiden, bedeutet das fast immer einen »Bruch« in Ihrer Karriere-History. Wie einschneidend dieser Bruch sein wird, ist abhängig von Ihren persönlichen Karrierevorstellungen und von der Kinderbetreuung nach der Geburt. Ganz ehrlich, je höher Sie ins Topmanagement aufsteigen wollen, desto intensiver müssen Sie sich mit der Kinderfrage auseinander setzen. Auf dem Weg zum CEO gibt es keine Gewerkschaftslösung. Den Job als CEO werden Sie in den allerwenigsten Fällen im Teilzeitpensum erledigen können. Auch Homeoffice wird auf Dauer nicht möglich sein. Die Erwartungen an einen CEO in einem grossen Konzern sind sehr hoch und erfordern viel zeitliches Engagement. In einem Interview hat der neue Verwaltungsratspräsident von Novartis, Jörg Reinhardt, erklärt, dass es im Management dazu gehöre, dass man erreichbar sei. Er meinte auch, dass es ab einer gewissen Stufe erwartet werde, dass die Mitarbeitenden einmal pro Tag die E-Mails lesen[1]. Diese Aussage kann ich nur bestätigen. Auch ich schaue jeden Tag in meine E-Mails, auch an den Wochenenden und in den Ferien. In der Geschäftsleitung und gerade in unserem Bereich, dem Krisenmanagement, können wir es uns schlicht nicht erlauben, nicht erreichbar zu sein. Krisen halten sich in der Regel nicht an Arbeitszeiten. Wenn wir in unserem Business glaubwürdig bleiben und auch unseren Platz im Markt nicht verlieren wollen, heisst das bereit zu sein und über das Normale hinaus zu arbeiten. Wenn Sie also Management- oder sogar CEO-Ambitionen haben, dann überlegen Sie sich genau, ob Sie das wirklich wollen und was

Sie vom Leben erwarten. Als CEO werden Sie die Kindererziehung nicht oder nur in kleinen Teilen selber übernehmen können. Es geht hier nicht darum, ob ich das gut finde oder nicht, es ist einfach Fakt! Den Fünfer und das Weggli gibt es nicht. Alle, die sagen, das sei auch in diesen Positionen möglich, verschweigen Ihnen einen Teil der Wahrheit. Den engen Zeitplan und das extrem hohe Engagement spürte ich auch bei fast jedem Kontakt mit meinen Interviewpartnerinnen und -partnern.

Ihr Leben wird nach der Geburt eines Kindes nicht mehr dasselbe sein wie vorher, das kann ich Ihnen als zweifache Mutter versprechen. Sie können sich noch so sehr ausmalen, wie Ihr Leben und Ihre Karriere nach der Geburt weitergehen, wenn Sie Ihr Baby das erste Mal in den Armen halten, werden Sie Gefühle erleben, die Sie vorher noch nie gespürt haben. Ich habe in meiner Berufszeit viele Frauen erlebt, die mir vor der Geburt glasklar geschildert haben, wie ihr Leben nach der Geburt aussehen wird – kaum war das Baby da, war dann alles ganz anders.

Wenn Sie sich für Kind und Karriere entscheiden, dann überlegen Sie sich, wie Sie die Kinderbetreuung organisieren. Sie haben einen Partner oder Ehemann, der diese Aufgabe übernimmt? Herzliche Gratulation, dann haben Sie sicher eine Deluxe-Lösung gefunden. Haben Sie diese Möglichkeit jedoch nicht oder Ihr Partner oder Ehemann möchte seine beruflichen Ziele ebenso verwirklichen wie Sie, dann brauchen Sie eine Vollzeit-Grossmutter oder eine Nanny. Sagen Sie nicht Ja zu einer halbherzigen Lösung, sie wird Sie auffressen und kaputt machen. Mit Kindern ist das nämlich so eine Sache. Da läuft nicht immer alles so, wie Sie das gerne hätten. Kinder können mitunter sehr nervig sein. Aus Erfahrung weiss ich, dass meine Kinder dann am schwierigsten waren, wenn ich es besonders eilig hatte. Ja und Kinder werden auch mal krank und da brauchen Sie eine gute und vertrauensvolle Betreuungslösung. Es reicht, wenn Sie in solchen Momenten ein schlechtes Gewissen haben, weil Sie Ihr krankes Kind nicht selber pflegen. Überhaupt müssen Sie sich damit abfinden, dass Beruf, Karriere, Kinder und Partnerschaft unter einen Hut zu bringen DIE Herausforderung überhaupt ist.

Gleichzeitig top Businessfrau, fürsorgliche Mutter, treusorgende und sexy Ehefrau zu sein, ist unmöglich! Wie schon in Kapitel 2 beschrieben: Eins nach dem anderen, alles gleichzeitig geht nicht. Seien Sie also bei der Beantwortung der Gretchenfrage ehrlich zu sich selber! Und lassen Sie sich nicht blenden von all jenen, die sagen, das gehe alles problemlos – es geht überhaupt nicht problemlos! Sie werden Höchstleistungen erbringen müssen. Sei es im Organisieren, Koordinieren von Terminen, Suchen von Betreuungslösungen oder im Umgang mit Schlafmanko. Und nicht zu unterschätzen ist der Umgang mit all Ihren Gefühlen und Ihrem schlechten Gewissen, als Berufsfrau für Ihre Kinder zu wenig Zeit zu haben. Viele berufstätige Frauen haben ja unweigerlich das Gefühl, eine schlechte Mutter zu sein, auch wenn das objektiv betrachtet wahrscheinlich gar nicht stimmt. Ich kenne keine berufstätige Mutter, die sich noch nie als »Rabenmutter« gefühlt hat. Sie werden als Mutter und Berufsfrau auf vielen Ebenen gefordert. Auf gar keinen Fall will ich Sie entmutigen, Kinder zu kriegen. Aber ich bin es Ihnen schuldig, ehrlich zu sein und Sie darauf hinzuweisen, dass es auch mal holprig werden kann. Ich persönlich finde es grossartig, Mutter und Berufsfrau in leitender Position zu sein und ich habe nie bereut, diesen Weg gewählt zu haben. Ein Leben ohne meine Kinder könnte ich mir nicht vorstellen. Dennoch gab es oft Zeiten, in denen ich an meine Grenzen kam. Ganz besonders, was meine Gefühle anbelangte und vor allem mein schlechtes Gewissen. Gedanken, ich sei eine schlechte Mutter, haben mich immer wieder gequält und quälen mich manchmal auch heute noch, obwohl meine Kinder unterdessen erwachsen sind. Ich wage zu behaupten, dass jede Frau, die diese Doppelbelastung tagtäglich erlebt und beteuert, das sei alles kein Problem, schwindelt oder sich selber etwas vormacht.

Wohin des Weges – Sie brauchen ein Ziel

Typische Frage im Bewerbungsgespräch: »Wo sehen Sie sich in fünf beziehungsweise zehn Jahren?« Sie wissen es nicht und haben sich möglicherweise auch noch nie richtig Gedanken darüber gemacht? Dann wird es jetzt aber höchste Zeit dafür! Oder haben Sie den Eindruck, dass Sie von selbst Karriere machen werden?

Wann ist der richtige Zeitpunkt für die Karriereplanung? Diese Frage kann nicht mit einem Alter angegeben werden. Der richtige Zeitpunkt ist dann, wenn Sie wissen, was Sie wollen. Definieren Sie Ihre Berufs-, aber auch Ihre Lebensziele am besten so früh wie möglich. Denn Ihre Ziele sind auch Ihre Antriebskräfte. Auch wenn Sie erst jetzt, mitten im Leben, damit beginnen, ist es noch nicht zu spät. Sie müssen die Fragen auch nicht mutterseelenalleine im stillen Kämmerlein beantworten. Bei Bedarf suchen Sie sich Hilfe von aussen. Ein Coach oder eine Karriereberaterin wird Ihnen die richtigen Fragen stellen und kann Ihnen bei der Karriereplanung behilflich sein.

Die Meinungen, ob eine Karriere planbar ist oder nicht, gehen auseinander. Fragen Sie dazu fünf verschiedene Karriereberaterinnen und Sie erhalten sechs verschiedene Antworten. Eine Karriere ist von vielen verschiedenen Faktoren abhängig. Von solchen, die Sie selber beeinflussen können – und ich meine, das ist die Mehrheit – und von solchen, die Sie nicht beeinflussen können. Somit werden viele Aspekte Ihrer Karriere planbar und gewisse nicht. Nebst einer fundierten Ausbildung, gezielten Kompetenzen und der Bereitschaft, sich stetig weiterzuentwickeln, brauchen Sie, wie immer im Leben, auch das nötige Glück, die richtige Person, zur richtigen Zeit, mit den richtigen Fähigkeiten, am richtigen Ort zu sein.

In einem Interview zum Thema »Aufstiegstipps der Top-Manager« hat Tatjana Oppitz, Generaldirektorin IBM Österreich, einmal geantwortet: »Karriereplanung ist wichtiger denn je, da sich die Berufswelt rasant verändert. Neue Jobs entstehen, Berufsbilder fallen weg und jeder muss sich fragen: Wie muss ich mich verändern, welche Fähigkeiten, welches Wissen muss ich aufbauen, um im Beruf auch in fünf Jahren fit zu sein? Gerade heute muss man die Verantwortung für seine Karriere selbst übernehmen und kann nicht darauf warten, dass einen der Chef ‚entwickelt'.«[2]

Warten Sie also nicht länger, übernehmen Sie das Zepter und definieren Sie Ihre Ziele. Überlegen Sie sich, wie Ihre Karriere aussehen soll. Dazu gehört nicht nur der berufliche Aspekt in Ihrem Leben, sondern auch der private Teil und somit die Gretchenfrage.

Gestalten Sie Ihr eigenes Lebensbild:
- Was erwarten Sie von Ihrem Leben, von Ihrem Beruf?
- Welche langfristigen Entwicklungsziele haben Sie?
- Warum wollen Sie diese Ziele erreichen?
- Welche Hindernisse stehen zwischen Ihrer aktuellen Situation und Ihren Zielen?
- Wofür schlägt Ihr Herz und wo liegt Ihre Begeisterung? Das Berufsleben soll ja nicht nur dazu da sein, Geld zu verdienen, es soll auch Spass machen.
- Wie sind Ihre beruflichen Ziele mit Ihrer privaten Lebensplanung vereinbar?

Überlegen Sie sich auch, was Sie als kleines Mädchen werden wollten. Womit Sie gerne gespielt haben. Sie verstehen den Zusammenhang nicht? Ganz einfach. Als Kind haben wir intuitiv mit dem gespielt, was uns Freude bereitet hat, wofür wir Fähigkeiten hatten. Wir haben uns damals keine Gedanken gemacht, ob wir das können oder nicht, wir haben einfach drauflos gespielt. Hier sind ganz wertvolle Informationen über uns versteckt. Informationen über unsere Begeisterung, über unsere Leidenschaften und die lohnt es sich, in die Karriereplanung einzubauen.

Erstellen Sie ein persönliches Stärken- und Schwächenprofil.
- Wo liegen Ihre Fähigkeiten und wie können Sie diese noch zusätzlich ausbauen?
- Auf welche Erfolge können Sie zurückschauen?
- Wofür erhalten Sie Komplimente?
- Welches sind Ihre Schwächen und wo liegen Ihre Grenzen?
- Welche Kompetenzen oder Fähigkeiten müssen Sie, abgestimmt auf Ihre Karriereziele, noch erweitern?

Behalten Sie dabei den Fokus aber hauptsächlich auf Ihren Stärken und nicht auf Ihren Schwächen. Die meisten neigen dazu, sich vor allem mit ihren Schwächen aufzuhalten und damit, wie sie diese minimieren könnten. Gemäss Professor Fredmund Malik, Managementexperte und Gründer des Malik Management Zentrums in St. Gallen, ist der Ansatz, Schwächen beseitigen zu wollen, kein effizienter Weg. Er sagte dazu: »Es dauert zu lange und es bringt zu wenig. Das erste Prinzip muss lauten: Nutze die Stärken, die schon da sind und baue diese aus. Nur wo man etwas kann, hat man eine Chance auf Erfolg. Mit geringem Aufwand kann man die meisten Stärken noch ausbauen. Zwar kann man auch Schwächen abbauen, aber selbst mit grossem Aufwand schafft man es in der Regel nur zur Mittelmässigkeit. Weniger schwach zu sein bedeutet eben noch lange nicht, stark zu sein.«[3]

Je besser Sie sich also selber kennen, desto besser können Sie Ihre berufliche Weiterentwicklung vorantreiben und Ihre Karriere planen.

Holen Sie ab und an auch Feedbacks ein. Mein Interviewpartner Axel Naglich meinte dazu: »Überlege dir, was du willst und was nicht. Wenn du selber nicht darauf kommst, frag dein näheres Umfeld mit der Betonung auf klare, ehrliche Aussagen ohne Schönfärberei.« Tun Sie das also und bitten Sie eine Vertrauensperson um ein ehrliches Feedback zu Ihrer Leistung und zu Ihrer Person. Wie schätzt Sie diese Person ein? Wo sieht sie Ihre Stärken? Es lohnt sich zu hören, wie andere Sie einschätzen. Oftmals stimmt unser Selbstbild nicht mit dem Fremdbild überein. Gerade Frauen sind sich selber gegenüber oftmals äusserst kritisch und stapeln ihre Leistung tief. Es geht hierbei aber nicht nur um eine Standortbestimmung, sondern vor allem auch darum, Ihr Potenzial zu erkennen.

Wer sich seine Wunschkarriere aufgezeichnet hat, muss sich zukünftig bei jeder neuen Stellenbewerbung oder Jobanfrage überlegen, ob diese Stelle zum persönlichen Fortkommen passt. Bringt Sie dieser Job auf Ihrem Karriereweg weiter? Überlegen Sie sich auch, wie die übernächste Stelle oder Stufe aussehen soll. Sind diese Karrierestufen aufeinander abgestimmt? Es ist übrigens nicht ungewöhnlich, dass man seine Karriereziele zwischendurch wieder justieren muss. Wichtig ist es, seine Ziele im Auge zu behalten und dabei flexibel zu bleiben. Mit jeder gemachten Lebens- und Berufserfahrung werden Sie reifer und Vorstellungen und Ziele können sich unterwegs verändern. Seien Sie stets offen für das, was kommt und packen Sie sich bietende Chancen.

Wichtig für Ihren Karriereweg ist auch aktives Netzwerken. Setzen Sie Ihre Netzwerkfähigkeiten ein, sowohl in Ihrem Unternehmen, wie auch ausserhalb. Vernetzen Sie sich mit den Besten. Gute Kontakte zu haben, fällt immer positiv auf Sie zurück. Lesen Sie dazu mehr im Kapitel »Schritt 4 – Netzwerken«.

Die Kontaktaufnahme mit einem Headhunter oder Executive Search kann ebenfalls eine erfolgsversprechende Option sein. Diese unterstützen Unternehmen dabei, passende Kandidaten für Führungs- und Managementpositionen oder geeignete Verwaltungsrätinnen zu finden. Ein erfolgreicher Headhunter oder Executive Search verfügt über ausgezeichnete Kenntnisse der Unternehmenslage und kann auf ein grosses Netzwerk zurückgreifen. Wenn Sie Ihr Curriculum Vitae bei einem Executive Search abgeben können, sind Sie direkt am Puls des Geschehens.

Bei aller Planung und Beachtung von Tipps vergessen Sie nicht, dass Sie eine Karriere nicht erzwingen können. Werden Sie bitte nicht verbissen! Je verbissener Sie werden, umso weniger klappt es mit der Karriere. Sie erwecken sonst den Anschein, karrieregeil zu sein und das wirkt abstossend. Seien Sie vor allem offen für Neues, beobachten Sie aufmerksam den Markt, positionieren Sie sich als Expertin, packen Sie die Chance, wenn sich eine ergibt und tun Sie das, was Sie tun, mit viel Herz, Begeisterung und Verstand!

Von der Lehrerin zur Krisenmanagerin

Im Idealfall entwickelt sich das eigene Berufsthema von selbst. Andere machen den einen oder anderen Umweg. Ich gehöre zur Sorte »Umwege machen«. Da bin ich wahrscheinlich erblich vorbelastet, da auch meine Eltern, ganz besonders mein Vater, keinen geradlinigen Weg gewählt haben. Mein Vater hat nach Abschluss seiner Primarschulzeit eine Lehre als Feinmechaniker absolviert und nach dem Lehrabschluss das Abendgymnasium besucht. Nach der Matura hat er nach einem kurzen Umweg über zwei Semester Theologie das Zahnmedizinstudium abgeschlossen. Schliesslich wurde er ein sehr bekannter Implantologe. Es ist also nicht weiter erstaunlich, dass auch ich nicht den direkten Weg gewählt habe.

Nach 17 Jahren als Biomedizinische Analytikerin in diversen Spitälern und einem Privatlabor habe ich mich gefragt, ob ich diesen Beruf noch bis zu meiner Pensionierung ausüben will. Grundsätzlich hatte ich Freude an meinem Beruf, aber mir fehlten Zukunftsperspektiven. Meine Erfüllung sah ich nicht darin, Laborleiterin zu werden, zumal ich schon ein paar Jahre stellvertretende Laborleiterin war und abschätzen konnte, was mich erwarten würde. Ich erkannte, dass meine Zukunft nicht so aussehen sollte. Ich wollte nochmals etwas ganz anderes machen. Ich war damals 35 Jahre alt, in einem Alter also, in dem ich wusste, dass eine neue Ausrichtung gut gewählt sein musste. Einerseits kostet eine weitere Ausbildung Zeit und Geld und andererseits soll die Neuausrichtung wohl überlegt sein, so dass ich nicht mit 50 Jahren nochmals etwas Neues suchen muss. Ich hatte also einige Knacknussfragen zu beantworten. Wie finde ich das Richtige? Und wenn ich dann etwas gefunden habe, wie weiss ich, ob es tatsächlich das Richtige ist? Für mich war völlig klar, dass ich etwas machen wollte, bei dem ich viel mit Menschen zu tun habe. Die Menschen sollten auch einen direkten Nutzen haben von dem, was ich mache oder anbiete. Diese Erkenntnis hat mich nicht wirklich weiter gebracht, da hier ganz viele Berufsbilder infrage kamen. Ich fühlte mich auch dementsprechend verloren und hatte keine Ahnung, in welche Richtung es gehen sollte.

Von der Kosmetikerin bis zur Naturärztin war ziemlich alles möglich. Ich brauchte Fragestellungen, die mich näher ans Ziel brachten, die meine Gedanken kanalisieren konnten. Da überlegte ich mir, was ich als kleines Mädchen gerne gespielt hatte und was das Spezielle daran war. Im Vorschulalter habe ich am liebsten »Lehrerin und Schulklasse« gespielt. Mit Inbrunst und Hingabe habe ich die Rolle der Lehrerin verkörpert. Ich fand es einfach grossartig, vor meiner Klasse, bestehend aus meinen zwei Sasha Puppen, meinem Plüsch-Koala und meinen zwei Teddybären zu stehen und ihnen alles Mögliche zu erklären. Die Krönung dieses Spiels war, als ich mit sechs Jahren von meiner Taufpatin eine grosse Schreibtafel geschenkt bekam. Das war für mein Schulzimmer natürlich absolut perfekt. Nun konnte ich auch für die begriffsstutzigen Schüler in meiner Klasse – und von denen hatte ich einige – auf der Tafel aufzeigen, was ich genau meinte. Als ich mich an diese Zeit erinnerte, kamen mir ganz viele Situationen wieder in den Sinn. Mir wurde mehr und mehr klar, was genau mich an der Rolle der Lehrerin so faszinierte. Es war nicht das Unterrichten vor einer Klasse mit Kindern, das konnte ich mir überhaupt nicht vorstellen. Ich hätte niemals ausreichend Geduld für nervige Schüler. Das konnte es also nicht sein, es musste etwas anderes dahinter stecken. Es war und ist meine Faszination, Menschen etwas zu erklären, etwas zu präsentieren, mit ihnen im Dialog zu stehen und ihnen Lösungsmöglichkeiten und Orientierungshilfen aufzuzeigen. Mit dieser Erkenntnis hatte ich sehr wertvolle Informationen gewonnen, die ich unbedingt in meine Überlegungen und meine Suche nach einem neuen Berufsziel einbeziehen wollte. Ich machte mich also im Internet auf die Suche, diesmal mit klareren Vorstellungen. Unzählige Ausbildungen habe ich angeschaut, verschiedene Weiterbildungsunterlagen bestellt und auf meinem Schreibtisch gestapelt. Beim Lesen dieser Unterlagen kam mir in den Sinn, dass schon während der Schulzeit sehr viele Schulkolleginnen und Schulkollegen mit ihren Problemen zu mir kamen. Ich fand es toll, wenn mir andere ihre Probleme anvertrauten und von mir Lösungsvorschläge wollten oder auch nur jemanden brauchten, der ihnen zuhörte. Mein Vater meinte oft im Spass, ich solle das später einmal zu Geld machen. Ich hatte also wieder eine weitere Information, die mir bei der Wahl meines neuen Berufsfeldes half. Meine Suche wurde immer konkreter. Langsam kristallisierte sich eine Coachingausbildung heraus, aber irgendetwas fehlte noch. Wissen weitergeben, präsentieren, das musste in meiner neuen Ausbildung auch Platz haben. Meine Entscheidung fiel, als ich auf eine Coaching-, Trainer- und Supervisionsausbildung stiess. Da wusste ich: Das ist es! Die Würfel waren gefallen. Das verbindet genau das, was ich wirklich gerne tue. Da ich nun wusste, was ich wollte, begann ich sofort mit der Ausbildung. Denn wenn ich mich für etwas entschieden habe, dann will ich auch sogleich loslegen und keine Zeit verlieren.

Nach meinem Abschluss als Coach, habe ich zusätzlich noch Weiterbildungen im Konfliktmanagement und im Bereich Krisenkommunikation absolviert. Ich habe schnell gemerkt, dass mich Kommunikation in ausserordentlichen Situationen, nämlich in Konflikten und vor allem in Krisen, begeistert. Da kommt nämlich noch eine weitere Begeisterung von mir ans Tageslicht. Ich arbeite am liebsten, wenn es richtig hektisch zu und her geht. Ich brauche den Druck des Damoklesschwertes. Das war schon während meiner Spitalzeit so. Ich blühte zu Höchstleistung auf, wenn viele Notfälle gleichzeitig eingeliefert wurden und ich alleine Dienst hatte. Wenn es nicht nur darum ging, möglichst schnell und exakt zu arbeiten, sondern auch die Prioritäten richtig zu setzen und Entscheidungen zu fällen.

Fachliche Weiterbildungen und persönliche Weiterentwicklung sind mir auch heute noch sehr wichtig. Ein Stehenbleiben kann ich mir nicht vorstellen und auch nicht leisten. Vor zwei Jahren habe ich eine Stage in der Kommunikation der Sicherheitskräfte von Polizei und Armee am World Economic Forum WEF in Davos gemacht und in diesem Frühjahr eine Weiterbildung in Integrated Riskmanagement abgeschlossen. Wissen kombiniert mit der Erfahrung aus der Praxis ist für mich unabdingbar. Und so habe ich es über die Jahre meiner Neuausrichtung geschafft, Schritt für Schritt das Richtige für mich zu finden. Kurskorrekturen und Zielanpassungen hat es natürlich unterwegs immer wieder gegeben. Und diese Korrekturen habe ich bei der Überprüfung meiner Ziele stets berücksichtigt. Mir ist bewusst, dass ich beruflich wie privat flexibel bleiben muss, um auch meine nächsten Ziele erreichen zu können. Ich denke, berufliche Ziele hören, wenn überhaupt, erst mit der Pensionierung auf beziehungsweise verändern sich nochmals. Über meinen Berufswechsel und meine heutige Herausforderung bin ich sehr glücklich. Natürlich hätte mein Weg auch einfacher sein können, aber ich bin überzeugt, dass alle meine Zwischenstationen und Erfahrungen sowohl im privaten Leben wie im Beruf nötig waren, um überhaupt dorthin zu gelangen, wo ich heute stehe. Ich will im Beruf gefordert werden, stets Neues dazulernen, brauche Abwechslung und vor allem muss ich mich für etwas begeistern können. All das bringe ich in meinem Job als Krisenmanagerin und Teilhaberin eines Beratungsunternehmens unter einen Hut. Das ist für mich sehr wichtig und dafür bin ich auch dankbar.

Suchen Sie sich einen Mentor

Unter einem Mentor versteht man eine Vertrauensperson, die Ihnen mit Rat und Tat zur Seite steht. Beim Wort Mentor ist mir übrigens kein Schreibfehler unterlaufen. Ich sage ganz bewusst Mentor und nicht Mentorin. Wenn Sie nämlich als Frau ins Topmanagement wollen, dann brauchen Sie einen Mann als Mentor. Die Unternehmerwelt ist im Moment schlicht und ergreifend immer noch männlich dominiert, also brauchen Sie auch einen männlichen Ratgeber, der Sie führt und unterstützt und Sie bei der Weiterentwicklung berät. Er bietet Ihnen auf dem Karriereweg Orientierungshilfe und ist ein wertvoller Sparringpartner. Ein erfahrener Mentor verfügt über ein grosses Netzwerk und hilft Ihnen, Ihr eigenes Netzwerk aufzubauen.

Ein Mentor soll erfolgreicher und höher gestellt sein als Sie, soll Vorbildfunktion haben, gut erklären und unterstützen können. Er soll über gute Verbindungen zu Schlüsselpersonen verfügen. Und ganz wichtig: Er muss Ihnen sympathisch sein, die Chemie muss stimmen.

Bevor Sie sich auf die Suche nach einem geeigneten Mentor machen, überlegen Sie sich genau, was Sie von ihm erwarten. Je besser Sie wissen, was Sie suchen, desto besser wissen Sie auch, wo Sie suchen müssen. Heute gibt es an vielen Universitäten und Fachhochschulen Mentoringprogramme. Auch für grosse Unternehmen gehört es mittlerweile zum guten Ton, ein solches Programm anzubieten. Googeln Sie einmal, ich bin sicher, Sie werden fündig. Haben Sie ein geeignetes Mentoringprogramm oder bereits einen geeigneten Mentor gefunden, können Sie sich als Mentee bewerben. Als Mentee bezeichnet man Personen, die von einem Mentor betreut werden.
Bei der Wahl Ihres Mentors ist es wichtig, vorgängig auch seine zeitliche Verfügbarkeit zu klären. Viele Mentoren stehen mitten im erfolgreichen Berufsleben und sind zeitlich stark eingebunden. Hat er für Sie nur wenig oder gar keine Zeit, nützt er Ihnen als Mentor herzlich wenig.

Haben Sie Ihren Mentor gefunden, dann bereiten Sie Ihre gemeinsamen Treffen sorgfältig vor. Schreiben Sie auf, was Sie wissen möchten, wo Sie Probleme haben und was genau Sie von diesem Treffen beziehungsweise von Ihrem Mentor erwarten. Ein gut vorbereitetes Treffen wird Ihren Mentor freuen, denn es ist viel effizienter und zeigt auch Ihr Engagement.
Aus meiner Sicht sollte ein Mentoring ein Geben und ein Nehmen sein. Fragen Sie, ob es Dinge gibt, die Sie für Ihren Mentor tun können. Und denken Sie vor allem an Ihre Mentee-Zeit zurück, wenn Sie später selber einmal erfolgreich sind – vielleicht werden Sie auch Mentorin. Dann haben Sie die Möglichkeit, Ihr Wissen und Ihre Erfahrung an jüngere und unerfahrenere Menschen weiterzugeben.

Positionieren Sie sich als Expertin

Es gilt die ungeschriebene Behauptung, »wer etwas schreibt, hat etwas zu sagen«. In wissenschaftlichen Bereichen ist es üblich, dass man sogenannte Papers oder Aufsätze verfasst. Erst durch das Schreiben solcher wissenschaftlichen Publikationen werden Sie von der Umwelt wahrgenommen. Sie zeigen damit, dass Sie zu einem gewissen Thema etwas zu sagen haben.

Artikel können Sie auch schreiben, wenn Sie nicht in einem wissenschaftlichen Bereich tätig sind. Es gibt viele Fachzeitschriften, ich bin sicher auch in Ihrem Bereich, die auf der Suche nach kompetenten Artikeln sind. Machen Sie denen Ihre Idee schmackhaft! Zeigen Sie, dass Sie etwas drauf haben und genau die richtige Autorin sind, um einen solchen Artikel zu schreiben. Gute und fachlich kompetente Artikel sind gesucht. Mit solchen Veröffentlichungen können Sie sich in Ihrem Gebiet einen Expertenstatus erwerben.

Ich selber schreibe öfter Artikel für Fachzeitschriften oder werde angefragt, solche zu schreiben. Angefangen hat es bei mir damit, dass ich bei einer Fachzeitschrift angeklopft habe und denen einen Probeartikel habe zukommen lassen. Und letztes Jahr habe ich mich zusammen mit drei Kollegen an ein grösseres Schreibprojekt gewagt. Gemeinsam haben wir unsere langjährigen Erfahrungen aus dem Krisenmanagement in dem Buch »Praxishandbuch Krisenmanagement« zusammengefasst. Das war eine äusserst spannende Erfahrung. Natürlich ist das Schreiben von Artikeln und erst recht das Verfassen eines Buches mit Aufwand verbunden, aber wer etwas erreichen will, muss auch bereit sein, etwas zu leisten.

Sind Sie sich bewusst, dass es an der Spitze einsam ist?

Erfolgreich sein im Job und zum Top-Management zu gehören, kann auch Schattenseiten haben. Dessen sollten Sie sich bewusst sein, bevor Sie die oberste Karrierestufe erreicht haben. Mitunter kann man sich an der Spitze sehr einsam fühlen, das sind Statements von Top-Managern, die ich immer mal wieder zu hören bekomme.

Der Kopf arbeitet ständig weiter, auch nach Büroschluss und am Wochenende. Probleme und Herausforderungen werden Sie nicht einfach aus Ihrem Kopf verbannen können. Sie sind ständig in Gedanken, ob das, was Sie tun, auch richtig ist, ob Ihre Firma nächstes Jahr noch am Markt ist, wie sich die Umsatzzahlen entwickeln werden und welches die nächsten Schritte sein müssen.

Mit steigender Position im Unternehmen haben Sie immer weniger Personen, mit denen Sie sich vertraulich austauschen können. Die Einsamkeit wächst. An der Spitze wird die Luft dünn. Diese Einsamkeit erlebt auch mein Interviewpartner Maximilian Riedel und sagt, dass er aus diesem Grund in ein Wirtschaftsnetzwerk eingebunden sei, um sich dort mit anderen Führungspersönlichkeiten austauschen zu können.

Sehr oft sind Sie als Führungsperson mit Ihren Entscheidungen alleine und die Verantwortung zu tragen, wird dann schwer, wenn ein Entscheid zu scheitern droht. Wenn ein Projekt gelingt, haben Sie viele Freunde, die am Erfolg beteiligt sein wollen. Wenn es aber scheitert, stehen Sie einsam da. Mit wachsender Entscheidungsgewalt steigt nicht nur Ihr Salär, sondern auch die Zahl Ihrer Neider. Vertrauenspersonen zu finden, mit denen Sie sich offen austauschen und von denen Sie ehrliches Feedback erwarten können, wird schwierig. Im Gegensatz zu Europa gehört es in den USA zum gewohnten Bild, dass Top-Manager Sparringpartner oder persönliche Coaches haben. Gerade für Führungspersönlichkeiten im Top-Management ist dieser Austausch wichtig. Ein Denkanstoss von aussen tut gut. In einer Studie der Stanford Graduate School of Business wurde bestätigt, dass die Belastungen und damit der Bedarf an persönlicher Begleitung in den Chefetagen gross und die Folgen des Nichthandels fatal sein können[4].

Vielleicht haben Frauen in dieser Beziehung einen Vorteil. Einer Frau fällt es erfahrungsgemäss leichter, einen Coach oder Sparringpartner zu engagieren. Ein Mann dagegen hat auch in der heutigen Zeit noch oft den Eindruck, Unterstützung zu suchen sei ein Zeichen von Schwäche. Dabei ist genau das Gegenteil der Fall.

Es spielt keine Rolle, ob Sie CEO, Vorstandsvorsitzende oder Kommandant einer Einsatzorganisation sind, Einsamkeit kennen alle. Wie sehr das belasten kann, habe ich bereits vor einigen Jahren auf eindrückliche Weise mit dem Kommandanten einer Blaulichtorganisation erlebt. Er kam immer wieder zu mir ins Coaching, hauptsächlich wenn er vor schwierigen Entscheidungen stand. Diesmal ging es aber um keine Entscheidung, sondern um einen grossen Einsatz, den er geleitet und bei dem es Tote und Verletzte gegeben hatte. Gemäss seinen Schilderungen war der Einsatz sehr anspruchsvoll und extrem belastend. Er erzählte, wie er den Einsatz geleitet hatte und wollte von mir wissen, ob seine Entscheidungen und seine Unterstützungsmassnahmen für die eingesetzten Einsatzkräfte richtig waren. Mir wurde bei seinen Ausführungen schnell klar, dass es nicht nur um das Wohlergehen seiner Mannschaft ging, sondern dass er jemanden brauchte, mit dem er sich über dieses Ereignis austauschen konnte. Da ich selber schwere Einsatzereignisse erlebt hatte, spürte ich, wie ihm zumute sein musste. Er brauchte einen Sparringpartner, jemanden der ihm zuhört und hilft, Geschehenes gedanklich besser einordnen zu können. Seine Kader und die Mannschaft konnten jederzeit zu ihm kommen, aber er selber hatte niemanden. Das war ein erstes, eindrückliches Erlebnis zu erkennen, wie einsam man in einer Führungsposition sein kann. Da werden Sie selten gefragt, wie es Ihnen geht. Letzteres habe ich später auch bei Mitgliedern des Managements oft erlebt.

Sie müssen sich nicht nur dieser Einsamkeit bewusst sein, sondern, wenn es dann soweit ist, daran denken, dass Sie sich rechtzeitig eine Sparringpartnerin oder einen Sparringpartner suchen.

Zum Erfolg gehört die richtige Kleidung

Kleider sind ein Thema, das von vielen völlig unterschätzt wird. Kleider machen Leute – diese alte Weisheit gilt im Business auch heute noch.

In einem meiner Führungsseminare hat mir ein Seminarteilnehmer beim Thema Businesskleidung gesagt, er hasse Anzüge und werde es deshalb so halten wie der erfolgreiche Steve Jobs. Der sei schliesslich auch immer im schwarzen Rollkragenpullover und in Jeans auf die Bühne getreten. Ich gab ihm zur Antwort: »Klar können Sie das tun, wenn Sie mal so erfolgreich und milliardenschwer sind wie Steve Jobs. Aber bis Sie dort angelangt sind, werden Sie über gewisse Kleiderregeln nicht hinweg kommen, wenn Sie Karriere machen wollen.« Wie sehr Kleider Unterschiede machen können, sehen Sie auch, wenn Sie die Begriffe »Arbeitskleider« und »Businesskleider« oder »Mitarbeitende« und »Geschäftsleitung« googeln. Sie werden erstaunt sein, wie frappant sich die Kleidung unterscheidet.

Die Wahl der Kleidung soll wohl überlegt sein. Es kann mitunter eine grosse Bedeutung haben, in welchen Kleidern Sie in welcher Situation auftreten.

In der Schweiz gab es im Februar 2013 einen schrecklichen Amoklauf in einer Holzfirma. Dabei starben vier Menschen. Unsere Firma wurde kurz darauf von einer lokalen Fernsehstation kontaktiert und wollte, dass jemand von uns zum Thema »Krisenmanagement und umfassendes Care« an einer Expertenrunde teilnimmt. Als dieser Anruf kam, sassen unser CEO und ich gerade in der Berner Altstadt in einem italienischen Restaurant beim Mittagessen. Die Sendung war bereits für den Nachmittag geplant. Wenn wir für die Sendung zusagen und rechtzeitig bis Sendebeginn im Studio sein wollten, musste jemand von uns in den nächsten 30 Minuten mit der Bahn nach Luzern fahren, wo uns ein Taxi erwartete und zum Sender fuhr. Wir diskutierten kurz, wer gehen sollte. Da umfassendes Care vor allem mein Thema ist, lag es auf der Hand, dass ich ging. In diesem Moment fiel mir auf, dass ich mein rosafarbenes Twinset anhatte. »In Rosa kann ich unmöglich in einer Expertenrunde zu einem Amoklauf Auskunft geben«, schoss es mir durch den Kopf. Dieses Twinset war nicht nur unpassend, es kam mir fast schon pietätlos vor. Gerade in solchen Situationen kann Kleidung eine starke Botschaft vermitteln. Hier war es wichtig, den Angehörigen Anteilnahme und Respekt auszudrücken – auch mit der Kleidung. Unser CEO und ich wussten sofort, dass meine Kleidung dazu absolut nicht geeignet war. Es gibt sogar Farbspezialisten, die sagen, dass man die Farbe Rosa im Business überhaupt meiden sollte, da sie zu süss und mädchenhaft wirke. So war sofort entschieden, dass nicht ich an dieser Expertenrunde teilnahm sondern unser CEO. Er war im klassischen dunklen Jackett ideal dafür gekleidet.

Je höher Sie die Karriereleiter erklimmen wollen, umso entscheidender wird auch die Wahl Ihrer Kleidung. Den Karrieresprung sollten Sie auch in Sachen Kleidung planen. Sehen Sie sich in Ihrer Unternehmens- oder Kundenumgebung um, wie sich die Personen dort kleiden. Es werden viele Augen auf Sie gerichtet sein und Sie werden beobachtet. Abgetragene Kleidungsstücke und ausgediente Schuhe sollen unbedingt aussortiert werden. Kaufen Sie grundsätzlich qualitativ hochwertige Kleidungsstücke. Die sind zwar teurer, aber die Ausgaben lohnen sich auf jeden Fall. Lieber ein Stück weniger im Kleiderschrank, dafür die anderen in bester Qualität.

Was Sie als Frau unbedingt im Schrank haben sollten:
- Klassisch schöne Businessanzüge mit passenden Blusen, ein feminines Kleid oder Kostüm und ein Abendkleid. Ich persönlich liebe schlichte Etuikleider, diese gehören zu meinen absoluten Lieblingen. Ein schönes Etuikleid ist für mich der Inbegriff von Weiblichkeit. In keinem anderen Kleidungsstück kann ich mich so gut von der Herrenwelt abgrenzen. Mit einem passenden Jackett oder einer schönen Perlenkette fühle ich mich richtig wohl und perfekt angezogen.
- Verschiedene klassische Schuhe und passende Handtaschen sollten Sie ebenfalls besitzen. Für schöne Handtaschen habe ich eine Schwäche. Ich gebe es zu, ich habe mehr als eine zu Hause

und ich peppe gerne einen klassischen Anzug mit einer besonders schönen oder farbigen Handtasche auf.
- Auf zu auffällige oder gewagte Kleider sollten Sie im Business verzichten. Das wird Ihre Seriosität nicht unterstreichen. Vorsicht auch bei zu gross ausgeschnittenen Blusen oder T-Shirts und zu kurzen Miniröcken. Das wirkt schnell billig oder aufreizend und Sie wollen ja überzeugend und kompetent wirken. Bei der Jupe- oder Rocklänge gilt: maximal eine Handbreite übers Knie. Gemeint ist die Hand einer Pianospielerin und nicht die Hand eines Sumo-Ringers!
- Seien Sie zurückhaltend mit Schmuck. Zu viel wirkt übertrieben, weniger ist hier oft mehr.
- Das schönste und passendste Outfit verfehlt die Wirkung, wenn Sie mit ungewaschenen Haaren, schmutzigen Fingernägeln oder abgesplittertem Nagellack zum Termin erscheinen. Achten Sie auf ein gepflegtes Äusseres. Dazu gehört ein guter Haarschnitt, der zu Ihrem Typ passt. Und falls Sie, genau wie ich, zu den Frauen gehören, die Ihre grauen Haare färben, dann tun Sie das bitte regelmässig und bevor der graue Ansatz deutlich sichtbar wird.
- Schenken Sie auch Ihren Zähnen die nötige Aufmerksamkeit. Wie schön ist ein strahlendes Lächeln mit frischem Atem!
- Düfte können sehr heikel sein, sowohl schlechte wie zu viel des Guten. Leider erlebe ich immer wieder – auch auf oberster Führungsebene – Chefs, die sich eindeutig zu wenig waschen. Das hinterlässt bei mir den Eindruck, dass diese Person wohl auch sonst etwas nachlässig ist. Achten Sie also auf eine regelmässige Dusche und ein dezentes Parfüm. Mit zu viel Parfüm oder billigen Düften treiben Sie Ihre Gesprächspartner in die Flucht.
- Mit einem gekonnten Make-up können Sie kleine Unebenheiten kaschieren oder schöne Stellen in Ihrem Gesicht besonders betonen. Das braucht vielleicht etwas Übung, aber der Aufwand lohnt sich. Einfach nicht übertreiben! Streichen Sie Vorzüge hervor und holen Sie das Beste aus Ihrem Typ heraus. Sie werden sehen, wie toll sich das anfühlt und wie sehr das Ihr Selbstvertrauen stärkt!

Und nicht zu vergessen sind gute Manieren. Die werden im Management nämlich vorausgesetzt. Und es gehört mehr dazu als zu wissen, dass sich Tischgeräusche wie Schmatzen und Schlürfen nicht gehören oder man mit dem Essen erst beginnt, wenn alle am Tisch sind. Es zahlt sich mehr als aus, wenn Sie die gängigen Benimmregeln kennen. Falls Sie da bei sich noch Optimierungspotenzial erkennen, dann empfehle ich Ihnen, in einen Knigge-Kurs oder einen Knigge-Ratgeber zu investieren. Auch wenn Ihnen bei der Lektüre vielleicht einiges ungewohnt oder übertrieben vorkommen mag, es wird Sie ungemein beruhigen, wenn Sie über »sich gekonnt bedienen am Buffet« ebenso Bescheid wissen wie über Dresscodes, Distanzzonen und Tischsitten.

Selbstmarketing – werden Sie sichtbar!

Es ist mir völlig klar, bei diesem Thema möchte die Mehrheit der Frauen auf der Stelle verschwinden. Liebe Ladies, wenn Sie erfolgreich sein wollen, dann kommen Sie um dieses Thema einfach nicht herum. Wagen Sie den Sprung ins kalte Wasser und nutzen Sie auch hier Ihre Chance. Ganz ehrlich: Gute Leistung alleine bringt Sie nicht an die Spitze. Viele Frauen sind pflichtbewusste und emsige Arbeiterinnen, die aber ihre guten Leistungen und ihre Fähigkeiten nicht oder nur schlecht verkaufen können. Viel zu oft haben Frauen die Vorstellung, dass ihre Talente und die gute Arbeit von anderen erkannt und entsprechend gewürdigt werden. Fast nach dem Motto »Der Prinz wird mich schon wachküssen«. Aber so funktioniert die Karriere eben nicht. Wer erfolgreich sein will, muss sichtbar und im richtigen Mass hörbar sein. Viele von Ihnen kaufen auch lieber Markenprodukte als No-Name-Produkte, weil sie denken, diese seien qualitativ hochwertiger. Designen Sie also Ihre eigene Marke und lernen Sie, sich zu präsentieren und zu verkaufen.

Selbstmarketing ist nichts anderes, als sich positiv darzustellen, um bei anderen als einzigartige Persönlichkeit in Erinnerung zu bleiben. Aber genau das fällt den Frauen so schwer. Ein frauentypisches

Beispiel: Bei Fehlern spricht sie in der »Ich-Form«, wenn es um den Erfolg geht, spricht sie in der »Wir-Form«. Der Mann dagegen spricht beim Erfolg in der »Ich-Form« und bei Fehlern in der »Wir-Form«.

Fassen Sie sich ein Herz und fangen Sie an, sich gekonnt aber dezent ins rechte Licht zu rücken. Sie müssen ja nicht gleich mit dem Scheinwerferlicht beginnen, aber heller sollte es um Sie herum schon werden. Und wenn Sie mein Buch bis hierher gelesen haben, dann fangen Sie ja auch nicht bei null an. Also:

- Erarbeiten Sie ein Stärken- und Schwächenprofil und definieren Sie Ihre Ziele.
  Gratuliere, das haben Sie ja schon ein paar Seiten weiter vorne erledigt. Das Schwierigste ist immer der Anfang und den haben Sie ja bereits hinter sich.
- Kristallisieren Sie Ihre Einzigartigkeit heraus!
  Mit welchen beruflichen Kernkompetenzen können Sie punkten?
  Womit heben Sie sich von anderen ab? Definieren Sie Ihre ganz persönliche Marke.
- Kommunizieren Sie Ihre guten Ideen!
  Bereiten Sie Ihr nächstes Meeting optimal vor, indem Sie vorgängig recherchieren, um mehr zu wissen. Liefern Sie auch einmal ergänzende Informationen und fallen Sie damit positiv auf. Nutzen Sie Gelegenheiten und bringen Sie sich gekonnt ein.
- Erweitern Sie gezielt Ihr Netzwerk. Erfahren Sie dazu mehr im nächsten Kapitel.
- Arbeiten Sie an Ihrer Ausstrahlung!
  Ich bin überzeugt, dass jeder Mensch an seiner Ausstrahlung arbeiten kann. Wir strahlen von innen heraus, wenn wir mit uns zufrieden sind, wenn wir an uns glauben, wenn wir auch unsere Ecken und Kanten akzeptieren können und wenn wir unsere Sicht auf die positiven Dinge im Leben richten.

Diese Schritte werden Ihnen helfen, Ihre innere Haltung zu ändern und Selbstmarketing erfolgreich zu betreiben. Es geht darum, dass Sie Ihre eigene Leistung erkennen und lernen, diese auch zu kommunizieren. Das hat nichts mit Überheblichkeit zu tun. Es geht darum, dass Sie lernen, positive Selbstaussagen zu machen. Wenn Sie über Ihre Arbeit erzählen, dann tun Sie das mit Begeisterung, denn so wird auch Ihr Engagement spürbar. Und nun heisst es üben, üben, üben. Sich subtil, aber richtig vermarkten zu können, braucht Zeit und Übung. Das können Sie nicht von heute auf morgen. Beginnen Sie einfach Schritt für Schritt und freuen Sie sich über jeden noch so kleinen Erfolg, der Ihnen zeigt, dass Sie auf dem richtigen Weg sind.

5 Tipps für Ihre Karriereplanung

- Definieren Sie Ihre beruflichen und privaten Lebensziele. Dazu gehört auch die Beantwortung der Gretchenfrage »Kinder ja oder nein?« oder der Frage, womit Sie als kleines Kind gern gespielt haben. Überlegen Sie sich, welche Hindernisse Sie auf dem Weg zum Ziel überwinden müssen und wie Sie das anstellen.
- Suchen Sie sich einen Mentor. Klären Sie vorgängig, welche Eigenschaften dieser Mentor mitbringen soll und was Sie von ihm erwarten. Bereiten Sie sich auf die Treffen mit Ihrem Mentor exzellent vor – so wirken Sie zielstrebig.
- Schreiben Sie Artikel über Ihr Fachgebiet. Zeigen Sie der Welt, was Sie können und positionieren Sie sich als Expertin!
- Seien Sie sich der Wirkung Ihres Erscheinungsbildes bewusst. Passen Sie Ihre Garderobe Ihren Karrierewünschen an. Achten Sie auf ein gepflegtes Äusseres und gute Manieren.
- Betreiben Sie aktives Selbstmarketing. Stellen Sie sich gekonnt ins rechte Licht und bleiben Sie anderen als einzigartige Persönlichkeit in Erinnerung.

SCHRITT 4
NETZWERKEN

Nicht nur Männersache

Denken wie die Männer

Männer sind darin einfach ein grosses Stück besser als wir Frauen – im Netzwerken. Gelingt den Frauen die Beziehungspflege in der Familie und im Freundeskreis ausgezeichnet, so holpert es doch oft im beruflichen Umfeld. Mit einer Selbstverständlichkeit tauschen Männer untereinander bei jeder sich bietenden Gelegenheit die Visitenkarten aus, verabreden sich zum Lunch oder zum Feierabendbier. Frauen sind da viel zaghafter. Bevor die Visitenkarte gezückt wird, überlegt sich Frau hin und her, ob das auch angemessen oder nicht doch etwas zu aufdringlich ist. Seit ich in einer Männerdomäne arbeite, habe ich bezüglich Networking zwei Dinge gelernt: Erstens genügend Visitenkarten dabei zu haben und zweitens diese auch zu verteilen.

Ich erinnere mich noch gut an meine Anfangszeiten als Selbständige, als ich als Seminarleiterin ganz neu an der Universität Bern bei BNF (Biomedizin, Naturwissenschaft und Forschung), angefangen habe. Zur Erklärung: BNF ist eine schweizweit tätige Organisation zur Förderung der Arbeitsmarktfähigkeit von hochqualifizierten Stellensuchenden jeglichen Alters[1]. BNF bietet unter anderem Seminare in verschiedenen Bereichen an. Wir Seminarleiter wurden von den BNF-Verantwortlichen eingeladen, unsere Kursangebote vorzustellen und diese natürlich auch schmackhaft zu machen. Zu dieser Zeit waren wir, soweit ich mich erinnern kann, sieben Seminarleiter, davon waren zwei Frauen. Als alle im Raum versammelt waren, stand einer der Seminarleiter auf, ging auf die Verantwortlichen von BNF zu und gab allen seine Visitenkarte. Puh – wir anderen Seminarleiter waren ziemlich baff. In den Gesichtern meiner Kollegen konnte ich lesen, dass diese genauso überrascht waren wie ich und dass keiner auch nur ansatzweise auf die Idee gekommen wäre, Visitenkarten zu verteilen. Dieser ob genannte, Visitenkarten verteilende Seminarleiter bot übrigens den Kurs »Networking« an. Da wurde mir zum ersten Mal so richtig bewusst, dass Networking ein aktiver Prozess ist. Nachdem ich den ersten Schock dieser schnellen und zielstrebigen Visitenkartenverteilung überwunden hatte, war auch ich im Stande jedem Verantwortlichen meine Visitenkarte auszuhändigen. Zum Glück habe ich das getan – wie hätten sich sonst die Verantwortlichen an mich oder mein Seminarangebot erinnern sollen? Ganz im Vertrauen – mir kam zu jener Zeit nie in den Sinn meine Visitenkarten zu verteilen, das fand ich viel zu aufdringlich. Und ich weiss, dass ich mit dieser Ansicht bei weitem nicht alleine war. Vor allem Frauen leiden an dieser Auffassung. Sie überlegen hin und her, ob es wohl passend ist die Karte abzugeben, wiegen Argumente gegeneinander ab, anstatt zu handeln. Networking hat viel mit Selbstmarketing zu tun – zum Glück haben Sie sich diesem Thema ja schon im vorherigen Kapitel gewidmet.

Netzwerken hat viele Namen – Seilschaften, Vitamin B, Beziehungspflege

Es gibt immer noch Menschen, die das Gefühl haben, Netzwerken hätte etwas Unrichtiges, etwas Anrüchiges an sich und es sei falsch, Beziehungen beruflich oder privat zu nutzen. Auch ich habe früher zur Gattung Frau gehört, die dachte, sie müsse alles alleine schaffen. Ich wollte auf gar keinen Fall auf das berühmt-berüchtigte Vitamin B zurückgreifen. Ich habe daher jeden Kontakt, der mich beruflich hätte weiterbringen können, kategorisch abgelehnt. Alleine wollte ich es schaffen, alles andere hätte an meinem Stolz genagt. Erst vor ein paar Jahren habe ich erkannt, wie wichtig ein Netzwerk ist. Und seit ich das weiss, erweitere und pflege ich dieses kontinuierlich und mit viel Sorgfalt. Nebst meinem mittlerweile sehr grossen beruflichen und privaten Netzwerk bin ich auch Mitglied in einem Berufsverband und bei den Business Professional Women. Und was glauben Sie, wie ich es fertig gebracht habe, so tolle Persönlichkeiten aus drei verschiedenen Ländern für meine Interviews zu finden? Nur mit Hilfe meines wirklich tollen Netzwerkes.

Netzwerken ist nichts Neues, das gibt es schon sehr lange, nur hat man früher nicht von Netzwerken gesprochen sondern von Beziehungen nutzen und Beziehungen pflegen. Der englische Begriff »Networking« heisst übersetzt: Nutzung von Geschäftskontakten, Beziehungspflege, vernetztes Arbeiten.

Oft bezeichnet man Netzwerke auch als Vitamin B. Letzteres ist aber mehrheitlich negativ behaftet. Vergleichen wir jedoch die Funktionsweise von Vitamin B in unserem Körper mit der Funktion eines beruflichen oder privaten Netzwerkes, so sieht das im Grunde genommen sehr ähnlich aus. Im Körper sind die B-Vitamine unverzichtbare Helfer bei Stoffwechselprozessen, der Bildung von Blut und neuen Gehirnzellen, der Zellteilung, sie dienen als Energiespender für Körper und Gehirn und stärken das Herz. Und das hier beschriebene Netzwerk funktioniert doch eigentlich genau gleich. Es sind berufliche und private Helfer für Menschen. Wir Menschen brauchen einander, um leben und überleben zu können, denn wir sind soziale Wesen. Wer beruflich erfolgreich sein will, braucht ein gut funktionierendes Netzwerk. Karriere wird auch durch gute Beziehungen gefördert. Als Einzelkämpferin bringen Sie es heute selten weit.

Netzwerke sind bei weitem nicht nur berufliche Kontakte. Auch die Familie, Freunde, der Sportclub oder Ihre Studien- oder Weiterbildungskolleginnen bilden ein Netzwerk. Und gemäss meinem Interviewpartner Prof. Urs Fueglistaller ist es ganz wichtig, dass ein Netzwerk nicht nur aus Gleichgesinnten besteht, da dies sonst ermatten könnte. Netzwerken heisst Kontakte zu knüpfen und diese zu pflegen, sich mit ihnen auszutauschen, sie um Rat zu fragen oder um Unterstützung bitten zu können. In all diesen Netzwerken beziehungsweise in den Menschen dieser Netzwerke steckt ein ungeheures Mass an Wissen, Ideen und Verbindungen. Es wäre doch schade, wenn wir dieses Potenzial nicht erschliessen und nutzen. Und genauso wertvoll wie dieses Wissen, sind auch all die Erfahrungen und Fehler, die diese Personen gemacht haben. Denn auch davon können wir profitieren. Es ist ja nicht nötig, dass wir alle Fehler selber machen oder wie es Sam Levenson, ein amerikanischer Journalist und Humorist einmal treffend sagte: »Wir müssen aus den Fehlern anderer lernen, denn wir leben nicht lange genug, um alle Fehler selber zu machen.«

Kontakte lauern überall

Egal, wo Sie hingehen, Sie lernen überall Menschen kennen und können Kontakte knüpfen. Sei das im Beruf, in der Freizeit, am Elternabend in der Schule oder beim Arzt. Manchmal sind diese Bekanntschaften flüchtig und einmalig und manchmal werden diese vertieft. Oder sie entstehen ganz unerwartet und überraschend, so wie mir das kürzlich passiert ist.

Schon seit längerer Zeit plagten mich Schmerzen in meinem Bein und ich musste zu einem Spezialisten. Im Behandlungszimmer hat mir der Arzt kurz das Röntgenbild erklärt und gemeint, es sei nichts Schlimmes, aber es würde mir gut tun, wenn ich ein paar Tage ausspannen und regelmässig zur Physiotherapie gehen würde. Ich war innerlich entsetzt über diesen Vorschlag, da ich zu diesem Zeitpunkt schlicht nicht wusste, wo genau ich in meinem Alltag neben Vollzeitjob und Buch schreiben noch ausspannen und Physiotherapie hätte unterbringen sollen. Das habe ich ihm dann auch gesagt, worauf er wissen wollte, was ich denn tue. Ich habe ihm erklärt, mit welchen beruflichen Herausforderungen ich mich tagtäglich herumschlage. Wir kamen ins Gespräch, er wollte dies und das wissen und fragte abschliessend, ob ich ihm eine Visitenkarte dalassen könne. Mit so etwas hatte ich nun wirklich nicht gerechnet. Ich hatte mich auf das übliche Arzt-Patienten-Gespräch eingestellt und nicht darauf, von meinen beruflichen Erfahrungen zu erzählen. Zum Glück habe ich immer Visitenkarten dabei! Kontakte lauern überall, auch an überraschenden und unerwarteten Orten – denken Sie daran.

Bleiben Sie in Erinnerung und zücken Sie Ihre Visitenkarte

Visitenkarten sind im beruflichen Kontext ein absolutes Muss und nicht mehr wegzudenken. Es erstaunt mich immer wieder, wie viele Menschen den Wert von Visitenkarten immer noch unterschätzen. Entweder haben sie gerade keine dabei oder klauben mühsam eine alte, zerknitterte Karte aus der Handtasche oder der Geldbörse. Was macht das für einen Eindruck!
Wenn ich in meinen Führungsseminaren frage, wer von meinen Teilnehmenden Visitenkarten besitze oder dabei habe, dann melden sich meist weniger als 50 Prozent. Auf meine Frage, wie sie denn ihrem Gegenüber in Erinnerung bleiben wollen, wenn sie nicht einmal ihre Kontaktdaten weitergeben können, erhalte ich meist nur überraschte Gesichter zur Antwort. Im Business keine Visitenkarten zu besitzen, ist ein Kapitalfehler – Visitenkarten zu besitzen und keine dabei zu haben ebenso!

Der Zustand und die Übergabe Ihrer Visitenkarte sind nicht zu unterschätzen. Das ist der erste Eindruck, den Sie vermitteln. Damit Sie gleich von Beginn an einen souveränen Auftritt haben, sollten Sie Folgendes beachten:

- Auf den Visitenkarten sollen Ihr eigener Name, Ihre Funktion und der Namen Ihres Unternehmens stehen. Wer einen Titel besitzt, füge auch diesen an, dies gilt besonders in Österreich.

Als Kontaktdaten empfehle ich die Adresse, E-Mail-Adresse, Festnetznummer und wenn gewünscht die Mobilenummer sowie eine Firmenwebsite. Im internationalen Business sind Sie gut beraten, wenn auf der Rückseite Ihrer Karte die Angaben in Englisch stehen. In bestimmten Ländern ist es sogar von Vorteil, die Rückseite der Visitenkarte in der jeweiligen Landessprache zu bedrucken.

- Der Zustand Ihrer Visitenkarte ist Ihr Aushängeschild und sollte tadellos sein. Achten Sie darauf, dass die Karte absolut sauber und unbenutzt ist. Zerknitterte oder verschmierte Karten passen ebenso wenig wie handschriftlich korrigierte. Am besten bewahren Sie Ihre Visitenkarten in einem Etui auf.
- Beachten Sie beim Überreichen der Karte die Hierarchie. Die Ranghöchste erhält zuerst eine Visitenkarte, dann verteilen Sie weiter bis zur Rangniedrigsten. Manchmal ist die Hierarchie nicht klar, dann beginnen Sie am besten auf einer Seite. Es ist wichtig, dass alle eine Karte erhalten, kontrollieren Sie also beim Verlassen des Büros immer noch rasch, ob Sie genügend Karten dabei haben.
- Eine Visitenkarte soll respektvoll übergeben und angenommen werden. Grundsätzlich schauen Sie Ihrem Gegenüber in die Augen und überreichen die Karte so, dass die Empfängerin diese lesen kann. Wenn Sie eine Karte erhalten haben, dann nehmen Sie sich Zeit, diese zu lesen. Es wäre sehr unhöflich, diese ungelesen wegzustecken. Anschliessend legen Sie die Karte ebenfalls in ein Kartenetui. Sie in die Handtasche zu stecken oder liegen zu lassen, zeugt von schlechten Manieren.
- Damit Sie sich auch später noch an die Person erinnern können, schreiben Sie auf die Rückseite möglichst viele Stichwörter zur Person selber, zum Anlass oder zum Gesprächsthema.
- Sollten Sie auch mit anderen Kulturen geschäftlich zu tun haben, erkundigen Sie sich über deren Gepflogenheiten. Es gibt Länder, in denen gelten Visitenkarten als Prestigeobjekt oder sind Statussymbol. Im asiatischen Raum zum Beispiel haben Visitenkarten eine noch viel grössere Bedeutung als bei uns. In diesen Kulturen wird eine Übergabe förmlich zelebriert. Die

Ranghöchste erhält auch hier zuerst eine Karte. Diese wird in China und Japan mit beiden Händen, in Korea, Indonesien und Malaysia mit der rechten Hand übergeben, immer so, dass die Empfängerin diese lesen kann. Eine erhaltene Karte wird auch hier nicht einfach weggesteckt, sondern aufmerksam gelesen. Und ganz wichtig: Führen Sie eine kurze Konversation darüber, beispielsweise wie der Name ausgesprochen wird[2].

Heute werden Sie gegoogelt

Networking findet heute auf verschiedenen Ebenen statt. Im Zeitalter von Social Media nicht mehr nur auf der persönlichen, sondern auch auf der digitalen, zum Beispiel auf Xing, LinkedIn oder Facebook.
Xing und LinkedIn sind soziale Netzwerke, bei denen der Fokus auf dem Austausch von geschäftlichen Inhalten liegt. Xing ist ein Portal, das mehrheitlich im deutschen und LinkedIn mehr im angelsächsischen Sprachraum genutzt wird.
Bei Facebook dagegen werden hauptsächlich private Aktivitäten mit Freunden und Bekannten geteilt. Achten Sie hier ganz besonders darauf, was Sie posten. Die Gefahr ist gross, auch Informationen zu posten, die Sie vielleicht später einmal bereuen. Was den Weg ins Internet gefunden hat, ist dort auf immer und ewig zu finden. Stellen Sie also keine unpassenden Bilder oder Statements ins Netz, die man gegen Sie verwenden könnte. Schützen Sie Ihr Facebookprofil mit den entsprechenden Privatsphäreneinstellungen.

Es lohnt sich, diese Portale einerseits gut voneinander zu unterscheiden und entsprechend zu nutzen und andererseits darauf zu achten, welche Kontakte oder Freunde Sie aufnehmen. Gerade auf Xing und LinkedIn gibt es immer wieder sogenannte Kontaktjäger oder Kontaktsammler. In der Regel erkennt man diese Spezies, wenn sie auf Xing über 999+ Kontakte und bei LinkedIn über 500+ Kontakte verfügen. Diese Personen haben meistens weit mehr Kontakte, aber seit einiger Zeit hat Xing und LinkedIn geregelt, dass

»nur« noch eine bestimmte Anzahl Kontakte angezeigt werden können. Nicht oft sind solche Kontaktjäger nur an Ihren Kontaktdaten interessiert, um Sie dann mit Verkaufs- und Produktmails förmlich zuzudecken. Erkennen können Sie solche Jäger und Sammler neben der Anzahl an Kontakten vor allem an den standardisierten Kontaktanfragen. Scheuen Sie sich nicht, solche Anfragen abzulehnen. Persönlich »miste« ich meinen Xing und LinkedIn Account zwischendurch immer wieder aus. Denn es kann vorkommen, dass ich trotz aller Aufmerksamkeit eine Kontaktanfrage bestätige, die sich im Nachhinein als Jäger herausstellt. Solche Kontakte, die ständig Werbung für irgendwelche Webinare oder Produkte machen, sind mir höchst zuwider.

Wie mit vielem anderem, ist es auch mit den virtuellen Profilen so, dass sie Fluch und Segen sein können. In der heutigen Berufswelt gehört es nun mal dazu, dass Sie sich auf verschiedene Arten präsentieren und auf sich aufmerksam machen und da gehört ein Xing oder LinkedIn Profil einfach dazu.
Bevor Sie durch die Human Resources Abteilung, den Personalvermittler oder den Executive Search kontaktiert werden, werden Sie heute oft gegoogelt. Im Netz sucht man nach Informationen über Sie. Wer kein oder nur ein schlecht gepflegtes und unvollständiges Profil im Netz hat, hat von Beginn weg schlechte Karten. Das Profil ist Ihre digitale Visitenkarte und manchmal der Erstkontakt mit jemandem, der auf der Suche ist nach Ihren Fähigkeiten. Dieses erste, virtuelle Kennenlernen sollten Sie ebenso sorgfältig gestalten, wie der erste Moment von Angesicht zu Angesicht.

Ihr Profil muss nicht nur auf dem aktuellsten Stand sein, sondern auch aussagekräftige und ansprechende Informationen enthalten. Überlegen Sie sich gut, was Sie über sich preisgeben wollen, schliesslich soll der Schuss nicht nach hinten losgehen. Wählen Sie ein professionelles und vor allem aktuelles Foto von sich aus. Schlimm, wenn man Sie im richtigen Leben nicht wieder erkennt, weil das Foto auf LinkedIn schon zehn Jahre alt ist. Urlaubsfotos gehören übrigens auf Facebook und nicht in ein berufliches Profil. Ein Foto vom Profifotografen lohnt sich auf jeden Fall, schliesslich wollen Sie ja auch mit Ihrem digitalen Auftritt überzeugen. Je höher Sie auf der Karriereleiter steigen wollen, desto professioneller muss Ihr Auftritt auf allen Ebenen sein! Wer mehrere Profile im Web hat, muss dafür sorgen, dass alle auf dem neusten Stand sind. Sollte Ihnen das zu mühsam sein, dann belassen Sie es lieber bei nur einem gepflegten Profil und nicht bei zwei oder drei, die nicht aktuell sind. Und googeln Sie sich ab und an auch selber, um zu sehen, was man über Sie im Netz findet.

Der Networking-Anlass

Networking-Anlässe schiessen aus dem Boden wie Pilze. Ich erhalte praktisch jeden Tag eine digitale oder schriftliche Einladung an unterschiedlichste Networking-Anlässe. Es ist nicht mehr ganz einfach, sich in diesem Dschungel zurechtzufinden. Es lohnt sich aber, wohlüberlegt zu entscheiden, welchen Anlass Sie besuchen wollen. Man beurteilt nämlich nicht nur Sie, sondern auch Ihr Umfeld und die Anlässe, auf denen man Sie antrifft. Auch wenn Sie über genügend Zeit verfügen, ist es nicht nötig, auf sämtlichen Hochzeiten zu tanzen. Es könnte sonst der Eindruck entstehen, Sie hätten nichts anderes zu tun.

Haben Sie Ihren Networking-Anlass ausgewählt, so gehen Sie vorbereitet dorthin. Informieren Sie sich über das Thema und ebenso, welche Teilnehmende zu erwarten sind. Idealerweise erhalten Sie schon vor dem Anlass eine Teilnehmerliste. Das ist eine ausgezeichnete Ausgangslage, die Sie unbedingt nutzen sollten. Gehen Sie die Teilnehmerliste durch und markieren Sie, mit wem Sie sprechen möchten. Legen Sie sich schon vorgängig ein paar Worte zurecht, das erleichtert Ihnen den Gesprächseinstieg und hilft auch bei Lampenfieber. Wählen Sie Ihre Kleidung sorgfältig aus. Sie sollten dem Anlass entsprechend gekleidet sein, weder under- noch overdressed.

Sollten Sie noch keine grosse Erfahrung haben mit Networking-Anlässen, dann überlegen Sie sich ebenfalls im Vorfeld, wie Sie sich den Personen vorstellen möchten. Aber Vorsicht, meiner Meinung nach gibt es zwei Arten von Vorstellung, die Sie vermeiden sollten. Die einen beginnen ihre persönliche Vorstellung mit »Wissen Sie, das ist ein wenig kompliziert. Ich decke viele Gebiete ab...« und die anderen leiern Ihnen einen geschliffenen Werbeslogan zur eigenen Person herunter. Die erste Variante wirkt mühsam und uninteressant, die zweite turnt ab. An Networking-Anlässen werden Sie immer wieder auf Menschen treffen, die solche Veranstaltungen mit einem Verkaufsseminar verwechseln.

Am besten versuchen Sie es mit einer kurzen und knackigen Vorstellung Ihrer Person. Machen Sie Ihr Gegenüber neugierig, mehr von Ihnen erfahren zu wollen. Und ganz wichtig: Seien Sie dabei natürlich und sympathisch, damit gewinnen Sie am meisten Punkte. Gehen Sie auf die Menschen zu, warten Sie nicht, bis jemand zu Ihnen kommt und Sie anspricht. Zücken Sie nicht aus Nervosität, weil Sie noch mit niemandem im Gespräch sind, Ihr Smartphone aus der Handtasche und checken Ihre E-Mails. So werden Sie garantiert nicht angesprochen.

Ich weiss, gerade zurückhaltenden oder schüchternen Menschen fällt es schwer, auf andere zuzugehen, aber wenn Sie erfolgreich sein wollen, dann müssen Sie das lernen. Glauben Sie mir, es gibt nur wenige Menschen, die das einfach so können, viele mussten das zuerst lernen, ich auch! Am Anfang hatte ich Mühe, wildfremde Menschen anzusprechen, bis ich begriff, dass es anderen genau gleich ging wie mir. Schliesslich gehen die anderen auch an einen Networking-Anlass, um neue Menschen kennen zu lernen. Also erinnern Sie sich an den Selbstmut im Kapitel »Schritt 2 – Selbstsicherheit«. Es wird schon klappen, vor allem wenn Sie es wollen.

Nehmen Sie sich ein Glas und stellen Sie sich zu anderen Personen hin. Am besten eignen sich Einzelpersonen oder Gruppen mit mehr als drei Personen. Zweiergruppen sind eher ungünstig, da sich diese oft in einem Gespräch befinden, das Sie nicht unterbrechen sollten.

Falls Sie als Frau zu einem männerdominierten Berufsfeld gehören, wie ich das tue, dann seien Sie freundlich, aber zurückhaltend. Kokettieren oder ein mädchenhaftes Auftreten gehen auf gar keinen Fall. Denken Sie auch daran, mit Ihrem Kopf keine »Jö-Haltung« einzunehmen. Sie kennen die »Jö-Haltung« nicht? Dann stehen Sie einmal vor den Spiegel und halten Sie den Kopf schräg – das ist die »Jö-Haltung«. Wir Frauen neigen oftmals dazu, diese Haltung einzunehmen. Im privaten Kontext und beim Flirten mag das ja gehen, nicht aber im Business.

Die Kunst der leichten Konversation

Stellen Sie sich nun mit Ihrem Namen vor und beginnen Sie leichte Konversation oder wie wir sagen »Smalltalk«. Themen, wie der Anlass selber, die Örtlichkeit oder die angebotenen Häppchen eignen sich wunderbar dazu. Zeigen Sie ehrliches Interesse an Ihrer Gesprächspartnerin und geben Sie auch etwas von sich selber Preis. Suchen Sie im Gespräch nach Gemeinsamkeiten, dann läuft die Konversation wie von selber. Seien Sie offen und authentisch, denn unechtes und gekünsteltes Verhalten nimmt Ihr Gegenüber wahr und Sie haben verloren.
Achten Sie auf die Körpersprache Ihres Gegenübers und lesen Sie daraus. Wenn Ihre Gesprächspartnerin Ihren Blicken ausweicht, die Stirn runzelt oder demonstrativ neben Ihnen vorbeischaut, dann ist kein Interesse da an einer Kontaktaufnahme. Nehmen Sie es sportlich und gehen Sie weiter. Es gibt überall Sympathie und Antipathie.

Beim Smalltalk sollten Sie alle Themen vermeiden, die schnell zu Meinungsverschiedenheiten führen können. Dazu gehören vor allem Gespräche über Politik, Religion oder Tratsch über Personen, die nicht anwesend sind. Auch persönliche Probleme und finanzielle Nöte sind keine geeigneten Gesprächsthemen. Und erzählen Sie auch nicht nur von sich selber, das finde ich im höchsten Masse unprofessionell. Schliesslich geht es in Beziehungen von Menschen immer um beide Personen und nicht nur um eine. Gekonnter

Smalltalk zahlt sich aus, denn hier zeigt sich, ob auf die Dauer eine geschäftliche Beziehung entstehen wird oder nicht. Fallen Sie auch nicht gleich mit der Türe ins Haus, wenn Sie auf der Suche nach einer neuen beruflichen Herausforderung sind. Solche Dinge brauchen Zeit. Es ist besser, Sie überzeugen Ihr Gegenüber mit Ihrer kompetenten und freundlichen Art. So bleiben Sie in guter Erinnerung und können sich bei einer späteren Kontaktaufnahme auf dieses Gespräch beziehen.

Smalltalk oder leichte Konversation ist eine eigene Kunst und kann Ihnen wichtige Türen öffnen. Diese zu beherrschen lohnt sich, denn sie trägt viel zum beruflichen Fortkommen bei. Achten Sie in Gesprächen immer darauf, die nötige Distanz zu wahren. Treten Sie Ihrem Gegenüber nicht in die intime Zone. Das heisst, halten Sie mindestens eine Armlänge oder besser bis zu einem Meter Abstand. Beginnen Sie jedes Gespräch mit einem Lächeln. Ein Lächeln macht Sie nicht nur sympathisch, es dient auch als Eisbrecher. Zugegeben, für schüchterne Menschen tönt jede dieser Zeilen schwierig. Aber Schüchternheit hat viel mit zu hohen Erwartungen an sich selber zu tun. Wenn wir uns unsicher fühlen, neigen wir dazu, andere als grösser und besser anzusehen. Und gerade dann wollen wir alles perfekt machen und bei der Kontaktaufnahme möglichst intelligent wirken. Meistens kommt das dann überhaupt nicht gut und Sie beginnen zu stottern oder die Stimme versagt. Versuchen Sie, das Ganze etwas lockerer zu nehmen. Sich zu Hause so gut es geht vorzubereiten, wird Ihnen sehr helfen. Und vergessen Sie nicht, dass auch Smalltalk Übung braucht.

Frauennetzwerke – Jammerkränzchen oder Erfolgsrunde?

Reine Frauennetzwerke bringen Ihnen vor allem eines, Frauenkontakte! Um im Business Erfolg zu haben, brauchen Sie aber auch Männer in Ihrem Netzwerk. Das will nicht heissen, dass Sie nicht in einem Frauennetzwerk eingebunden sein sollen, aber nicht nur. Ob

Sie in eine Karriereposition gelangen oder nicht, hängt – zumindest im Moment noch, oft und je weiter nach oben Sie kommen wollen – von Männerentscheidungen ab. Also brauchen Sie für Ihr berufliches Weiterkommen auch gemischte Netzwerke, denn diese sind ein Abbild unserer Wirtschaft. Wenn wir schon nach »Diversity« verlangen, dann auch in den Netzwerken!
Es ist leider immer noch so, wie ich meine zu Unrecht, dass vielen Frauennetzwerken das Stigma »Jammerkränzchen« anhaftet. Selber bin ich auch in einem Frauennetzwerk. Ich bin bei den Business & Professional Women (BPW). BPW ist eines der grössten Netzwerke für Unternehmerinnen und berufstätige Frauen weltweit. Die monatlichen Anlässe bei BPW, den Austausch unter uns Frauen und die spannenden und interessanten Referate schätze ich ungemein. Es tut gut, von anderen Frauen zu hören, wie sie in der Business Welt zurechtkommen und mit welchen Sorgen und Nöten sie sich tagtäglich herumschlagen müssen. Auf diese Begegnungen möchte ich nicht verzichten. Da aber die grossen Karriereentscheide immer noch mehrheitlich in Männerhänden liegen, werden Sie in reinen Frauennetzwerken möglicherweise enttäuscht werden. Wahrscheinlich auch aus dem Grund, weil unter Frauen sehr oft ein Konkurrenzkampf stattfindet. Einen Konkurrenzkampf an und für sich finde ich nicht schlecht, jedoch sollte dieser nie vernichtend sein. Giorgia Bross, ehemalige Co-Club-Präsidentin von BPW Basel, hat gegenüber der Basler Zeitung in einem Interview gesagt: »Viele Karrieren scheitern, weil Frauen unsolidarisch mit anderen Frauen sind.«[3] Und gerade dieses Kapitel über weibliche Führungserfolge haben wir Frauen alleine in der Hand!

Frauennetzwerke setzen sich im Allgemeinen gegen Ungerechtigkeiten im Berufsleben von Frauen ein und das ist richtig und wichtig. Gerade den Kampf gegen die Lohnungleichheit (für die gleiche Arbeit erhalten Frauen unverständlicherweise immer noch weniger Lohn als die Männer) haben sich viele Frauennetzwerke, darunter auch die BPW, auf die Fahne geschrieben. Im Schnitt verdienen Frauen in der Schweiz 18.4%[4], in Deutschland 22%[5] und in Österreich 21.2%[6] weniger Lohn als die Männer. Um dem Engagement zur Lohngleichheit Ausdruck zu verleihen, wurde nach deutschem Vorbild in mittlerweile 23 europäischen Ländern der sogenannte Equal Pay Day ins Leben gerufen[7]. Dieser Tag hat zum Ziel, die Debatte über die Lohnunterschiede zwischen Mann und Frau zu beleben, Frauen zu stärken, sämtliche Akteure zu sensibilisieren und mobilisieren sowie die Lohnschere zu reduzieren[8]. Viele Frauennetzwerke befürworten natürlich auch eine Frauenquote. Dieses Thema löst immer wieder Diskussionen aus, denn längst nicht alle Mitglieder sind dafür – ich auch nicht, aber das wissen Sie ja. Ich bin auch für eine gleichberechtigte und gleichwertige Verteilung in Macht- und Führungspositionen, aber die Frauenquote ist aus meiner Sicht einfach der falsche Weg und ich denke, der Kampf um diese Quote leistet uns Frauen einen schlechten Dienst. Es kann doch für uns Frauen nicht erstrebenswert sein, in eine Geschäftsleitung oder einen Verwaltungsrat gewählt zu werden, weil wir weiblichen Geschlechts sind und der Betrieb die Quote erfüllen muss. Ich persönlich möchte gewählt werden, weil meine Kompetenzen gefragt sind, ich möchte keine »Quotenfrau« sein. Mehr dazu finden Sie im Kapitel »Eure Quote brauch ich nicht«.

Auch wenn ich mit dem Thema Frauenquote nicht auf derselben Linie bin wie die meisten Frauennetzwerke, so bin ich dennoch überzeugt, dass es solche Netzwerke braucht.

Mittlerweile gibt es unzählige verschiedene Frauennetzwerke, Berufsverbände für Frauen, Verbände für Frauen in Spitzenpositionen oder Netzwerke für Frauen, die in Verwaltungsräte wollen. Alle Frauennetzwerke in der Schweiz, Deutschland oder Österreich aufzuzählen, würde den Rahmen dieses Buches sprengen. Damit Sie aber eine kleine Vorstellung erhalten, welch bunte Vielfalt an Netzwerken existiert, habe ich verschiedene Organisationen in den einzelnen Ländern herausgepickt. Die Auswahl ist nicht vollständig und rein zufällig, es soll weder eine Gewichtung noch eine Wertung sein.

Schweiz

- Verband Frauenunternehmen; Treffpunkt für Frauen mit eigener Firma (www.frauenunternehmen.ch)
- Wirtschaftsfrauen Schweiz; die Wirtschaftsfrauen sind die Stimme der Kaderfrauen und Unternehmerinnen der Schweiz (www.wirtschaftsfrauen.ch)
- alliance F; Bund schweizerischer Frauenorganisationen (www.alliancef.ch)
- Donna Informatica; eine Fachgruppe der Schweizer Informatik-Gesellschaft (www.donna-informatica.ch)

Deutschland[9]

- webgrrls.de; Business Networking für Frauen in den Neuen Medien (www.webgrrls.de)
- Deutscher Frauenrat; eine Bundesvereinigung von mehr als 50 Verbänden und Netzwerken (www.frauenrat.de)
- Bundesarbeitsgemeinschaft Berufliche Perspektiven für Frauen e.V.; Frauen und Organisationen haben sich zu einer Interessengemeinschaft zum Thema »Frau und Beruf« zusammengeschlossen (www.bag-frauen.de)
- Deutscher Ingenieurinnen Bund e.V.; Ist ein Zusammenschluss von und für Frauen, die im technischen Bereich arbeiten oder studieren (www.dibev.de)

Österreich[10]

- Business Frauencenter; unterstützt Fachfrauen, als Unternehmerin erfolgreich zu sein (www.bfc.at)
- FEMtech Expertinnendatenbank; Wissenschaftlerinnen und Expertinnen aus Naturwissenschaft und Technik (www.femtech.at)
- Erfolgreiche Unternehmensnachfolge durch Frauen; für Frauen in Familienunternehmen in Führungspositionen (www.euf.cc)
- WfForte; Frauen in Forschung und Technologie (www.w-fforte.at)

Internationale Frauennetzwerke
- BPW Business & Professional Women
  BPW unterstützt Frauen und bringt sie mit gezielter Förderung auf ihrem Berufs- und Karriereweg wie auch in der persönlichen Entwicklung weiter. BPW ist unabhängig, international, überparteilich und interkulturell[11]. (www.bpw.ch / www.bpw-germany.de / www.bpw.at)
- Zonta International
  Ist ein weltweiter Zusammenschluss berufstätiger Frauen, die sich zum Dienst am Menschen verpflichtet haben. Vorrang hat das Ziel, die Stellung der Frau im rechtlichen, politischen, wirtschaftlichen und beruflichen Bereich zu verbessern. Zonta ist international überparteilich, überkonfessionell und weltanschaulich neutral[12]. (www.zonta.ch / www.zonta-union.de / www.zonta.at)
- Soroptimist International
  Die Ziele von Soroptimist International werden in sechs Programmbereiche auf lokaler, nationaler und internationaler Ebene umgesetzt: Menschenrechte und Stellung der Frau, Bildung und Kultur, Wirtschaftliche und soziale Entwicklung, Umwelt, Gesundheit, Freundschaft und internationale Verständigung. Sie sind politisch neutral und an keine Religion gebunden[13]. (www.soroptimistinternational.org / www.soroptimist.ch, .de oder .at)

Der Service Club – das etwas andere Netzwerk

Beliebt und weit verbreitet sind auch internationale Service Clubs wie Rotary, Lions, Kiwanis oder die Ambassadoren. Solche Service Clubs sind Organisationen, die in erster Linie einen wohltätigen Zweck verfolgen. Daneben hat selbstverständlich auch das Knüpfen von beruflichen Verbindungen Platz. Diese Clubs finden Sie in vielen Städten in Deutschland, Österreich und der Schweiz. In den Gründerzeiten waren diese Clubs vor allem den Männern vorbehalten. Im Laufe der Zeit hat sich dies aber verändert und in den letzten zehn Jahren wurden zum Teil, jedoch noch nicht überall, auch Frauen in diese traditionellen Männerclubs aufgenommen. Im Unterschied zu den im vorherigen Kapitel aufgeführten beruflichen Netzwerken brauchen Sie eine persönliche Einladung durch den Club, um als Mitglied in einen solchen Service Club aufgenommen zu werden.

- Rotary
  Rotary wurde 1905 gegründet und ist die älteste Service Club Organisation der Welt. Die Mitglieder von Rotary setzen ihre beruflichen Fähigkeiten in ehrenamtlicher Arbeit ein, um anderen zu helfen – getreu dem Motto »Selbstloses Dienen«. Rotary Clubs sind unabhängig, überparteilich und konfessionell nicht gebunden[14]. (www.rotary.org / www.rotary.ch / de und at)
- Lions
  Lions Clubs International wurde im 1907 gegründet und ist eine weltweite Vereinigung freier Menschen, die in freundschaftlicher Verbundenheit bereit sind, sich den gesellschaftlichen Problemen unserer Zeit zu stellen und uneigennützig an ihrer Lösung mitzuwirken. Lions Clubs sind politisch und konfessionell unabhängig[15]. (www.lionsclubs.org / www.lionsclubs.ch / www.lions.de / www.lions.at)
- Kiwanis
  Seit 1915 haben Kiwanerinnen und Kiwaner ein Ziel: durch uneigennützige Dienste helfen, eine bessere Gemeinschaft zu bilden – national und weltweit nach dem gemeinsamen Motto: »Serving the children of the world«. Auch Kiwanis Clubs sind politisch und konfessionell unabhängig[16]. (www.kiwanis.ch / www.kiwanis-germany.de / www.kiwanis.at)
- Ambassador Club
  Ambassadoren sind Freunde – über Grenzen hinweg. Sie pflegen den gesellschaftlichen Umgang und engagieren sich im sozialen, kulturellen und sportlichen Bereich genauso wie für die Umwelt. Die Ambassadoren sind kon-

fessionell und politisch unabhängig. Der erste Club wurde 1956 als Herrenclub in der Schweiz gegründet[17]. (www.ambassadorclub.org)

Was Netzwerke nicht sind

Netzwerke und Service Clubs sind grundsätzlich keine Tummelplätze für Auftragsjäger und Selbstdarsteller.
Deshalb gilt:
- Willkommen sind authentische, ehrliche und loyale Menschen.
- Selbstdarsteller, Selbstverliebte und Besserwisser sind am falschen Platz, ebenso Auftragsjäger. Auftragsakquise hat hier nichts verloren, Geschäftskontakte können wachsen, aber das braucht Zeit.
- In sozialen Netzwerken gilt: Authentizität als oberstes Gebot – der Mensch hinter dem Profil muss erkennbar sein.
- Nehmen und Geben sollen im Gleichgewicht sein.

Bleiben Sie in Kontakt

Ein Netzwerk aufzubauen ist das eine, dieses zu pflegen das andere. Beides ist wichtig! Das heisst nicht, dass Sie wöchentlich Kontakt halten müssen. Aber bei Menschen, die Ihnen wichtig sind, lohnt es sich, sich immer wieder zu melden, sei es per SMS, per E-Mail oder per Telefon.
Ich persönlich liebe es, guten Freunden handgeschriebene Karten zu schicken. Zu Hause und im Büro habe ich unzählige davon. Es gibt wohl keinen Ort, an dem ich bin, wo ich nicht irgendeine Karte kaufe. Kartenständer, Auslagen und Papeterien ziehen mich magisch an. Meine Sammlung beinhaltet Geburtstagskarten, Glückwunschkarten, Humorkarten, »Welcome-Baby-Karten«, »Töchter-und-Söhne-Karten«, lustige Tierbilder, Trauerkarten, »Liebe-ist-Karten«, Zitatkarten und jede Menge Weihnachtskarten – nahezu alle Sujets und Grössen sind in meiner Sammlung zu finden. So bin ich für alle Fälle gerüstet und habe für sämtliche Anläs-

se oder Ereignisse die richtige Karte zur Hand. Auch im Geschäft, wenn ich Unterlagen oder Berichte an Kunden verschicke, lege ich sehr oft eine kurze, handgeschriebene Notiz dazu: »Ein freundlicher Gruss«, »Ich freue mich auf unser nächstes Meeting«, »alles Gute« – einfach eine kleine Nettigkeit. Es gibt so wenig zu tun und zeigt doch so viel Wertschätzung.

Geburtstage von Familie, Freunden, Bekannten und Mitarbeitenden trage ich umgehend im Outlook ein, von Kunden übrigens auch, sofern ich das Datum kenne. Ein kleines »Alles Liebe zum Geburtstag« per Post, SMS oder auch auf Facebook freut jeden. Weihnachtskarten gehören für mich im Geschäftsleben ebenso dazu. Auch hier schreibe ich ab und an etwas Persönliches rein.

Wenn Freunde mich brauchen, bin ich für sie da, wenn jemand aus meinem Netzwerk Unterstützung benötigt, nehme ich mir die Zeit, ohne dafür eine Gegenleistung zu erwarten. Ich weiss, wenn ich einmal etwas brauche, sind sie für mich auch da.

Ein funktionierendes Netzwerk ist etwas sehr Wertvolles und soll gepflegt werden. Zu Menschen, die Ihnen wichtig sind, sollten Sie Kontakt halten. Das muss nicht wöchentlich oder monatlich sein. Der Wert eines Kontaktes wird nicht daran gemessen, ob Sie jemanden jede Woche treffen, sondern ob Sie sich gegenseitig achten und wertschätzen.

5 Tipps für erfolgreiches Networking

- Nutzen Sie Gelegenheiten zum Netzwerken gezielt. Wählen Sie Ihre Mitgliedschaft in einem Netzwerk bewusst aus.
- Begegnen Sie den Menschen mit einem strahlenden Lächeln.
- Treten Sie authentisch und professionell auf. Üben Sie Ihren Auftritt und wie Sie sich vorstellen.
- Visitenkarten sind ab heute immer und in genügend grosser Anzahl dabei. Wenn Sie die Karte abgeben, überreichen Sie sie in einwandfreiem Zustand und so, dass die Empfängerin sie lesen kann. Wenn Sie eine Karte erhalten, stecken Sie sie nicht einfach weg, das ist unhöflich. Lesen Sie, was darauf steht.
- Pflegen Sie Ihre Beziehungen, Ihr Netzwerk. Ein Netzwerk, das Sie nicht pflegen, nützt Ihnen auch nichts. Zeigen Sie sich, nehmen Sie an Anlässen teil, bringen Sie sich positiv ein. Wenn Sie Zeit und Lust haben, zeigen Sie Interesse an Verbands- oder Vorstandsarbeit und übernehmen Sie Aufgaben.

SCHRITT 5

SYNERGIEN ZWISCHEN FRAU UND MANN NUTZEN

Miteinander und nicht gegeneinander

Klischees oder doch nicht?

Männer sind stark, Frauen schwach. Männer fragen nicht nach dem Weg, Frauen reden den ganzen Tag. Männer haben einen Tunnelblick, Frauen einen Weitblick. Der Mann hat die Gefühle unter Kontrolle, die Frau ist emotional. Frauen packen an, Männer reden darüber. Ein Mann ist hartnäckig, eine Frau eine Zicke. Eine Frau, die auf ihr Recht besteht, gilt als penetrant, der Mann als hartnäckig. Ein sexuell aktiver Mann ist ein Draufgänger, die Frau eine Schlampe. Sie gilt als sensibel, er als hart. Diese Liste lässt sich beliebig erweitern.

Der Unterschied zwischen Mann und Frau ist seit jeher ein beliebtes Thema. Es haben sich nicht nur Philosophen, Dichter, Autoren oder Soziologen damit befasst, es wurden auch unzählige Filme mit geschlechtstypischen Situationen gedreht. Darüber hinaus erfreuen sich Ironie und Witze über Mann und Frau grosser Beliebtheit. Offenbar brauchen wir diese »Frauen sind anders, Männer auch«-Geschichten, weil sie uns gemäss Psychologen Orientierung verschaffen. Und je mehr sich die Rollenbilder ähneln, desto mehr denken wir in Klischees.

Verhaltensweisen und Unterschiede zwischen Mann und Frau werden heute auch wissenschaftlich untersucht und in Studien belegt oder widerlegt. So wurde zum Beispiel an der Universität Bochum die Multitasking-Fähigkeit, die uns Frauen nachgesagt wird, genauer untersucht. Das Ergebnis hat gezeigt, was wir Frauen ja schon lange wussten: Männer können sich nicht mit drei Dingen gleichzeitig beschäftigen – aber wir Frauen auch nicht. Unser Gehirn, egal ob Mann oder Frau, kann Dinge nur nacheinander und nicht gleichzeitig tun[1].

Auch die Grösse des Gehirns von Mann und Frau wurde untersucht. Das männliche Gehirn ist in Relation zur Körpergrösse rund neun Prozent grösser als das der Frau. Und auch das grösste je gemessene Gehirn gehörte einem Mann.

Allerdings arbeitet das männliche Gehirn vergleichsweise asymmetrisch. Wenn Männer sprechen, dann ist vor allem die linke, eher analytische Gehirnhälfte zuständig. Bei Frauen arbeiten die rechte und die linke Hirnhälfte zusammen. Die Forscher haben auch erkannt, dass die Grösse des Gehirns nichts über die Intelligenz aussagt[2].

Ein anderer Unterschied zwischen Mann und Frau konnte biologisch bestätigt werden. Frauen wird ein grösseres Mass an Empathie attestiert, der Fähigkeit, sich in andere Menschen einzufühlen. Dass dem tatsächlich so ist, haben Wissenschaftler von der Universität Bonn und dem Babraham-Institut Cambridge bestätigt. Diese haben nämlich herausgefunden, dass das Hormon Oxytocin bei Männern die Fähigkeit verbessert, sich emotional in Mitmenschen einzufühlen. Dieses Hormon löst bei Frauen die Geburtswehen aus und fördert die Milchproduktion beim Stillen. Aber nicht nur das, es prägt auch die Bindung zwischen Mutter und Kind. Dieses Hormon wirkt sich auf Liebe und Vertrauen aus.

In dieser Studie wurde einer Gruppe männlicher Probanden das Hormon Oxytocin mittels Nasenspray verabreicht, die Vergleichsgruppe erhielt ein Placebo. Anschliessend sahen sich die Teilnehmer emotionale Fotos an wie zum Beispiel ein weinendes Kind, ein Mädchen, das eine Katze umarmt oder einen trauernden Mann. Die Versuchspersonen, welche den Oxytocin-Nasenspray erhielten, reagierten mit deutlich mehr Mitgefühl als die Placebo-Gruppe. Sie erreichten dabei Werte, die sonst für Frauen typisch sind[3].

Geschlechterspezifische Unterschiede im Verhalten sind für die Forschung hoch interessant und zukünftig werden wir in diesem Bereich sicher noch viele weitere Ergebnisse hören und lesen können.

Über all die Jahre haben sich durch die Erziehung und durch unsere Gesellschaft die klassischen Unterschiede zwischen Mann und Frau verändert. Wurde der Generation unserer Väter noch mit auf den Weg gegeben, dass ein Mann nicht weint sondern stark sein muss, so sieht die Generation unserer Söhne schon anders aus. Waren unsere Grossmütter noch so erzogen worden, dafür zu sorgen, dass es den anderen gut geht, so achten unsere Töchter darauf, auch für sich selber zu sorgen. Die Unterschiede werden offensichtlich immer kleiner. Und dennoch hoffe ich, dass es immer Unterschiede im Verhalten geben wird, denn dies macht aus meiner Sicht das Miteinander nicht nur schwierig, sondern vor allem spannend.

Architektur erfolgreicher Teams

Erfolgreiche Unternehmungen werden von Menschen geführt. Lee Iacocca, ein ehemaliger amerikanischer Top-Manager der Automobilindustrie, formulierte es sehr treffend: »Letzten Endes kann man alle wirtschaftlichen Vorgänge auf drei Worte reduzieren: Menschen, Produkte und Profite. Die Menschen stehen an erster Stelle. Wenn man kein gutes Team hat, kann man mit den beiden anderen nicht viel anfangen.« Also ist doch klar, jeder will auf seiner Stufe ein gutes Team oder, noch deutlicher, das beste Team haben.
Ein Team ist eine Gruppe von Menschen, aber nicht jede Gruppe von Menschen ist auch ein Team. Wenn Sie ein Projekt überneh-

men, dann gehe ich mal davon aus, dass Sie in erster Linie daran interessiert sind, dieses Projekt zu einem erfolgreichen Abschluss zu bringen. Folglich werden Sie die Menschen so auswählen, dass Sie eine möglichst grosse Menge an Fähigkeiten und Kompetenzen vereinigen, damit eine ziel- und leistungsorientierte, respekt- und vertrauensvolle Arbeitsatmosphäre entsteht. Dies, weil Sie wissen, dass der Erfolg wesentlich von der Teamleistung und den bei der gemeinsamen Arbeit entstehenden Synergien abhängt. Was für ein erfolgreiches Projektteam gilt, gilt auch für eine erfolgreiche Geschäftsleitung oder einen Vorstand.

Sie machen sich nun also auf die Suche nach Personen, die einerseits die nötigen Fachkompetenzen mitbringen, andererseits aber auch von ihren Persönlichkeitsmerkmalen her ins Team passen. Bei den Teams, die ich selber zusammenstellen oder mitbestimmen konnte, habe ich punkto Persönlichkeitsmerkmalen immer darauf geachtet, dass unterschiedliche Menschentypen mit unterschiedlichen Verhaltensmustern und Denkansätzen zum Team gehören. Ich suchte Menschen aus, die einander ergänzen und bei denen ich annahm, dass sie im Team und an der Aufgabe wachsen können.

Es ist allgemein bekannt, dass Frauen und Männer zum Teil völlig unterschiedliche Verhaltensmuster und Denkansätze haben. Also frage ich Sie: Wer möchte bei der Entscheidungsfindung auf eine solche Vielfalt von unterschiedlichen Denkansätzen verzichten? Ich glaube niemand. Darum ist es wichtig, dieses Potenzial gerade auch im Management von Unternehmungen gezielt zu nutzen und einzusetzen. Und wohl gemerkt, es sind ja nicht einfach nur Unterschiede, sondern Unterschiede, die eine breitere Sichtweise und Vorzüge bringen. Dass gemischte Teams erfolgreicher arbeiten, wurde in zahlreichen Studien untersucht und belegt. Gemischte Teams gelten als Erfolgsrezept. Die Wirtschaftsprüfungsgesellschaft Ernst & Young GmbH hat für ihre Studie »Mixed Leadership«[4] in der Zeit zwischen 2005 und 2010 europaweit 290 Unternehmen unter die Lupe genommen. In dieser Studie wurde unter anderem auch die Frage »Welche wirtschaftliche Leistung zeigten Unternehmen mit und ohne weibliche Vorstandsmitglieder im Zeitraum 2005-2010?« beleuchtet. Die Studie kam zum Schluss, dass sich gemischte Führungskader deutlich erfolgreicher entwickelten. Diese konnten nämlich ihren Gewinn um 82 Prozent steigern. Auch in anderen Studien wurde aufgezeigt, dass Unternehmen mit gemischten Führungsteams die besseren finanziellen Leistungen erbringen. Und nicht nur das! Wussten Sie, dass gemischte Teams eine beruhigende Wirkung auf das Arbeitsklima haben? Sind Männer in reinen Frauenteams, so wirkt sich das entspannend auf typisch weibliche Querelen aus und Frauen bewirken in Männerteams eine deutliche Entspannung in Sachen Rivalitäten und Machtkämpfen.

Ich persönlich schätze die Arbeit in gemischten Teams sehr. Es entsteht eine andere Qualität der Zusammenarbeit. Sie wissen ja, ursprünglich komme ich aus dem Gesundheitswesen. Und da mein Beruf zu dieser Zeit fast ausschliesslich von Frauen ausgeübt wurde, arbeitete ich jahrelang in reinen Frauenteams. Erst später, in meiner Zeit als Gemeinderätin und vor allem heute als Teilhaberin eines Beratungsunternehmens, habe ich die Arbeit mit gemischten Teams kennen und schätzen gelernt.

In meiner Funktion als Gemeinderätin war ich damals auch Präsidentin der Liegenschaftskommission, welche zu Beginn meiner Amtszeit eine reine Männerkommission war, mit Ausnahme von mir natürlich. Ich habe die Zusammenarbeit mit meinen männlichen Ratskollegen und Kommissionsmitgliedern ausserordentlich geschätzt. Am meisten dazugelernt habe ich in Sitzungen, in denen wir völlig unterschiedlicher Meinung waren. Da wurde heftig diskutiert, es wurde argumentiert, Überzeugungsarbeit geleistet und manchmal auch gestritten und anschliessend über das diskutierte Geschäft abgestimmt. Natürlich waren mit dem Abstimmungsergebnis nicht immer alle zufrieden, aber alle konnten damit umgehen. Nach jeder Kommissions- oder Gemeinderatssitzung war es bei uns üblich, dass wir gemeinsam noch ein Bier trinken gingen – es muss ja nicht Bier sein, wer das nicht mag! Den Wert dieses anschliessenden »Biertrinkens« habe ich sehr schnell erkannt. In dieser ungezwungenen Atmosphäre konnten wir gut über andere Dinge reden oder auch über Dinge lachen, die während der Sitzung vorgefallen waren. Etwas ist mir damals an den Männern ganz besonders aufgefallen. Egal wie hart in der Sitzung verhandelt, diskutiert oder gestritten wurde, spätestens beim Bier war das wieder bereinigt gewesen. Dieses Verhalten stelle ich auch heute bei Männern immer wieder fest und das imponiert mir. Das mit dem Bier trinken halte ich übrigens auch heute noch so. Ich habe in meinem Job immer mal wieder sehr anspruchsvolle Mandate und da tut ein gemeinsames Bier nach einer hitzigen Sitzung einfach gut.

Wie wichtig die Sichtweise des anderen Geschlechts ist, sehe ich auch bei meinen Mandaten, bei denen ich gezielt zu schwierigen, von Männern dominierten Projekten oder kritischen Personalentscheiden beigezogen werde. Dadurch, dass ich als Frau mit einer anderen Sichtweise und anderen Denkansätzen dabei bin, verändert sich der Blickwinkel aller Beteiligten und erzielte Ergebnisse werden dadurch breiter abgestützt. Mann und Frau agieren und reagieren eben nicht gleich. Ich überlege mir bei meiner Arbeit oft, wie ein Mann hier reagieren würde. Umgekehrt würde sich dies übrigens auch für Männer lohnen.

Den Unterschied kennen, schätzen und nutzen

Dass Männer und Frauen anders sind, wissen wir eigentlich schon seit Urzeiten und sonst spätestens seit uns Bücher wie »Männer sind vom Mars, Frauen von der Venus« von Cris Evatt oder Barbara und Allen Peases's »Warum Männer nicht zuhören und Frauen schlecht einparken« darauf aufmerksam gemacht haben. Diese Unterschiedlichkeiten können manchmal für beide Seiten ganz schwierig zuweilen sogar mühsam sein, andererseits sind es aber gerade diese Unterschiede, die so spannend sind und uns in vielen Dingen auch weiterbringen. Als Führungskraft macht es sich bezahlt, wenn Sie sich für diese unterschiedlichen Verhaltensweisen sensibilisieren. Je besser Sie das Grundmuster weiblichen und männlichen Verhaltens kennen, umso besser können Sie die Zusammenarbeit zwischen Mann und Frau koordinieren.

Ein klassisches Beispiel, das wahrscheinlich bewusst oder unbewusst schon jede von uns erlebt habt, ist das unterschiedliche Frageverhalten von Männern und Frauen.
Frauen haben in der Regel die Angewohnheit, sich mittels Fragen Informationen zu beschaffen, Feedback zu ihrer Arbeit einzuholen oder ihr Wissen zu überprüfen. Männer dagegen fragen selten nach, weil sie nicht den Eindruck erwecken möchten, als inkompetent oder schwach wahrgenommen zu werden. Sie als weibliche Führungskraft könnten dieses Verhalten als ignorant oder desinteressiert auffassen. Was zur Folge hat, dass Sie Ihrem Mitarbeiter ungenaues oder weniger pflichtbewusstes Arbeiten unterstellen und ihn dadurch mehr kontrollieren. Eine männliche Führungskraft wird aufgrund seines eigenen Verhaltens das weibliche Frageverhalten als Inkompetenz und Schwäche auslegen und der Mitarbeiterin deswegen weniger zutrauen und keine schweren Aufgaben zuteilen.
Karin Hertzer hat in ihrem Buch »Rhetorik im Job« das Frageverhalten wie folgt umschrieben: »Viele Männer neigen zu Behauptungen statt Fragen zu stellen, sie suchen die Konfrontation, geben lieber Anweisungen und streiten gern, weil sie das als Herausforderung sehen und Spass daran haben. Frauen arbeiten lieber zusammen und unterstützen den anderen, machen lieber Vorschläge und stellen mehr Fragen.«[5]

Ebenfalls ein Klassiker und das nicht nur im Business sondern auch im Privaten: Männer denken und sprechen mehr handlungs- und sachorientiert und geben oft Ratschläge. Sie reden gerne rational und glauben, dass es in einem Gespräch vor allem auf harte Fakten ankommt. Mit der Gefühlswelt tun sie sich eher schwer. Männer wollen in ihren Gesprächen primär Fakten weitergeben und keine emotionale Bindung aufbauen.
Frauen dagegen brauchen Gespräche hauptsächlich, um Gefühle und Stimmungen mitzuteilen und soziale Beziehungen zu pflegen. Frauen zeigen in ihren Gesprächen vor allem ihre Verbundenheit und sie möchten in erster Linie, dass man ihnen zuhört und emotionale Anteilnahme schenkt und nicht Ratschläge erteilt.[6]

Ich gebe zu, das sind alles ziemlich stereotype Beschreibungen, aber wenn Sie ehrlich sind, dann widerspiegeln diese die Realität doch ziemlich treffend. Je mehr wir uns mit dem Wesen des anderen Geschlechts auseinandersetzen, umso besser wissen wir, wie wir auf »andere« Verhaltensmuster reagieren sollen. Und genau diese Unterschiede sind es, die in erfolgreichen Unternehmen zunehmend gezielt genutzt werden. Leider haben noch lange nicht alle Unternehmen dieses schlafende Potenzial erkannt. Es ist in allen Branchen und Bereichen vorhanden und wartet nur darauf, erschlossen zu werden.

Was wird von einem Geschäftsleitungsmitglied erwartet?

Wenn Sie, egal ob Mann oder Frau, auf der Suche nach einer Führungsaufgabe sind, dann werden Sie sich mit dem Anforderungsprofil für solche Aufgaben auseinander setzen. Von einem männlichen Mitglied im Management oder Geschäftsleitungsmitglied werden unter anderem eine gute Performance, hohe kommunikative Fähigkeiten, ein überzeugendes und gewinnendes Auftreten, eine visionäre Persönlichkeit, unternehmerisches Denken sowie Entscheidungsfähigkeit erwartet und man muss Menschen mögen. Und was glauben Sie, wird von einem weiblichen Mitglied im Management erwartet? Genau das Gleiche!

Warum stellen sich immer noch viele fähige Frauen dieser Herausforderung nicht? Weil aus meiner Erfahrung viele an sich zweifeln, sich nicht genügend einbringen, ihre Talente schlecht verkaufen und nicht in den Adressverzeichnissen von männlichen Entscheidungsträgern stehen! Viele Frauen scheuen sich, ein karriereförderndes Verhalten an den Tag zu legen. Und dann gibt es leider auch immer wieder Frauen, die zwar in Führungspositionen sind, aber den Job wechseln, sobald es unangenehm wird, weil sie zu wenig Widerstandskraft oder nicht genügend Biss haben. Ja, in der Teppichetage weht ein rauer Wind und manche Frau kann damit nicht umgehen. Aber wenn Frauen zu oft aufgeben und den Job wechseln, weil das Klima zu frostig ist, dann wird sich im Management nie etwas ändern. In dieser ganzen Diskussion »Frauen und Karriere« liegt auch vieles an uns. Solange wir nicht an uns selber arbeiten, wird sich nichts ändern. Da hilft auch eine Frauenquote nicht wirklich, denn Frauen ohne Biss und ohne dickes Fell mittels Frauenquote ins Kader zu katapultieren, ist nun echt nicht nachhaltig. Sie sind zwar kurzfristig in Kaderpositionen, aber verlassen bei einer Schlechtwetterfront das Unternehmen wieder. Der Weg, das zu ändern, führt in erster Linie über uns Frauen. Wir müssen uns mehr zutrauen, uns mehr durchsetzen und vor allem nicht immer alles persönlich nehmen. Wenn Frauen es langfristig schaffen, in Führungspositionen zu bleiben, dann wird auch das Klima merklich anders werden. Frau hat es dann in der Hand, den rauen Umgangston zu ändern, Frauen zu fördern und sich für kinderfreundliche Arbeitsmodelle einzusetzen.

Liebe Ladies, reden wir also über unsere Leistungen und hoffen nicht einfach darauf, dass jemand merkt, dass wir gut sind. Eine gute Führungskraft liefert mehr als der Durchschnitt und das können wir! Legen wir uns ein dickeres Fell zu und nehmen männliche Kommentare nicht mehr so persönlich!

Wenn Mann das Pfauenrad schlägt

Es ist eine so typisch männliche Eigenschaft, dass ich es mir einfach nicht verkneifen kann, darüber etwas zu schreiben. Aber keine Sorge, liebe Männer, ich werde selbstverständlich im nächsten Abschnitt auch etwas ganz Frauentypisches beschreiben.
Bestimmt haben das alle meine weiblichen Leserinnen schon erlebt. Sie kommen als Frau in einer Führungsposition oder als Beraterin in einen Raum, werden vorgestellt und beginnen ein Gespräch. Der Mann fängt sofort an, verbal sein Pfauenrad zu schlagen, indem Funktion, Können und Erfolge oft subtil und dennoch deutlich wahrnehmbar aufgezählt werden, ganz nach dem Motto »Ich kann etwas oder ich bin (auch) jemand«.

Ich habe das in meinem Job schon oft erlebt. Gerade bei Schulungen im Krisenmanagement, wenn wir zum ersten Mal in eine Firma kamen und die Leute uns beziehungsweise mich noch nicht kannten, öffneten sich die Pfauenräder gleich scharenweise. Als kurze Erklärung: Krisenstäbe, die wir in Unternehmen schulen, bestehen in der Regel aus Mitgliedern der Geschäftsleitung beziehungsweise des höheren Kaders und wie Sie ja wissen, sind diese immer noch überwiegend männlich dominiert. Dies spiegelt sich auch in der Zusammensetzung der Krisenstäbe wider. Bei so vielen Männern erwartet Mann bei einer Krisenmanagementschulung keine Frau. Da fragt sich manch einer, was ist das für eine, die so etwas tut und uns erklärt, wie Krisenmanagement funktioniert. Zu Beginn geben mir einige nonverbal zu verstehen, dass sie in mir das Nummern-Girl dieser Krisenstabsschulung oder bestenfalls die Assistentin sehen. Früher hat mich ein solches Verhalten jeweils echt genervt und ich musste mir bissige Kommentare verkneifen. Heute nehme ich das viel sportlicher. Ich zeige denen dann halt einfach, dass ich etwas drauf habe!

Achtung Zicke

So, meine Herren, hier nun etwas ganz Frauentypisches. Frauen können zuweilen nämlich echte Zicken sein.
Gerade ein Konkurrenzkampf löst bei Frauen oft ein Zickenverhalten aus. Das trifft auf den Beruf genauso zu wie auf das Privatleben. Zentral in diesem Konkurrenzkampf ist bei Frauen die Frage »Was hat die, was ich nicht habe?«. Frauen führen einen Konkurrenzkampf mitunter sehr subtil, aber nicht minder gefährlich. Sie betreiben Rufschädigung an der Konkurrentin und nähren die Gerüchteküche. Manchmal geht Frau Allianzen mit anderen Frauen ein, um der Angelegenheit mehr Gewicht zu verleihen. Das Fiese daran ist das vordergründige Lächeln Richtung Konkurrentin.
Verliert eine Frau ihren Konkurrenzkampf gegen eine andere Frau, ist das sehr schwer zu verdauen. Einen beruflichen Machtkampf gegen einen Mann zu verlieren, ist dagegen einfacher. Da kann sie argumentieren, dass sie halt gegen einen Mann verloren hat.

Und damit das auch gesagt ist: Genauso wenig wie alle Männer Pfauenräder schlagen, sind alle Frauen Zicken. Dennoch sind das Verhaltensweisen, die bei einigen von Ihnen ein Déjà-vu auslösen.

Stolz sein aufs Frau sein

Es gab eine Zeit, da wollten Frauen genau so sein wie Männer: stark, laut und Gefühle verbergen. Leider sind von diesen »vermaskulinisierten« Frauen immer noch einige im Umlauf. Aber in Unternehmungen sind keine Frauen in Ritterrüstung gefragt, sondern Frauen, die sich ihrer weiblichen Stärken und Besonderheiten bewusst sind und diese auch gezielt einsetzen. Wer hart und herrisch auftritt, verliert schnell an Sympathie.

Frauen haben so viele typisch weibliche Kompetenzen anzubieten, die in Unternehmungen von Nutzen sind. Frauen geben Informationen weiter, sie behalten diese nicht aus Angst, dadurch einen Machtverlust zu erleiden, für sich. Sie fühlen sich besser in Mitarbeitende ein, was deren Selbstwert steigert. Frauen vertrauen den Mitarbeitenden, tragen Verantwortung, sind pflichtbewusst und denken vernetzt. Sie haben hohe kommunikative Fähigkeiten und schätzen Teamarbeit. Diese weiblichen Kompetenzen versinnbildlichen viele Aufgaben, die zur Unternehmensführung wichtig sind. Christine Lagarde, die französische Politikerin und geschäftsführende Direktorin des Internationalen Währungsfonds, sagte einmal: »Als Frau muss man sich selbst treu bleiben und nicht glauben, man müsse sich wie ein Mann verhalten. Eine Frau zu sein, ist weder eine Behinderung noch etwas, das man verstecken muss.« Betonen Sie, was Sie haben und er nicht. Ihre Kompetenzen sind das eine, das andere ist, aus Ihrem Typ das Beste zu machen.

Uns Frauen wird die Zukunft der Menschheit seit Jahrtausenden zugetraut. Ja, richtig – wir gebären nicht nur Kinder, wir erziehen, lieben und fördern sie auch. Mit der Erziehung legen wir das Fundament, damit aus unseren Kindern später auch CEO, Geschäftsleitende oder Verwaltungsräte werden können. Uns Müttern wird seit

Urzeiten attestiert, dass wir Eigenschaften, Fähigkeiten und Werte vermitteln, die wichtig sind. Frauen, die Kinder, Familie und Beruf unter einen Hut bringen, sind wahre Akrobatinnen. Es braucht sehr viele Fähigkeiten, diesen Spagat zwischen Beruf und Kindern zu schaffen. Fähigkeiten, die jedem Unternehmen von Nutzen sein können.

Stellen Sie sich vor, Sie sind als Unternehmer oder Unternehmerin auf der Suche nach einer neuen Führungskraft und im Vorzimmer wartet Frau Jakob, von welcher Sie folgendes Arbeitszeugnis in den Händen halten:

»Frau Jakob bewältigt ihr umfangreiches Aufgabengebiet zu jeder Zeit mit viel Flexibilität und sehr hohem persönlichem Einsatz stets zu unserer vollsten Zufriedenheit. Der Schwerpunkt ihrer Tätigkeit liegt in der Führung des kompletten Betriebes von der Versorgung über den Logistikbereich bis hin zur Kreativwerkstatt. Sie übernimmt ebenfalls die Gästebetreuung sowie die administrativen Aufgaben aller Bereiche. In der Ausübung dieser Funktion ist Frau Jakob verantwortlich für die Gewährleistung des umfangreichen Angebotes und Kundenservices unter dem Aspekt der Wirtschaftlichkeit und Qualitätserhaltung. Ihr engagierter Arbeitsstil ermöglicht es ihr, den ständig wechselnden Anforderungen gerecht zu werden. Gerne bestätigen wir Frau Jakob ihre selbständige und zielstrebige Arbeitsweise. Frau Jakob zeigt während ihrer Tätigkeit jederzeit eine überdurchschnittliche Leistungs- und Einsatzbereitschaft und scheut vor Überstunden bei unerwartet hohem Arbeitsaufkommen nicht zurück. Sie wird durch ihr freundliches und hilfsbereites Wesen von allen gleichermassen geschätzt und anerkannt. Ihr Verhalten ist stets einwandfrei und korrekt.«[7]

Super – finden Sie nicht auch. Diese Frau Jakob möchten wir doch gleich einstellen. Dieses Arbeitszeugnis habe ich in einem Artikel von Ramona Jakob im LOB Magazin, einer deutschen Zeitschrift für berufstätige Mütter und Väter, gefunden. Ein Arbeitszeugnis für eine Familienmanagerin. Ich bin sicher, berufstätige Mütter werden sich darin wiederfinden.

Berufstätige Mütter, seid stolz auf alles, was ihr könnt und leistet! Es ist enorm und grossartig. Macht eure Vorzüge sichtbar, steht zu euren weiblichen Kompetenzen und überzeugt die Kaderwelt!

Gemeinsam sind wir stark

Männer und Frauen setzen Prioritäten anders. Gewichten Frauen mehr die Identifikation, die Kommunikation und die Beziehungen, so legen Männer mehr Wert auf Leistung, sich selber zu beweisen und auf ihre Fertigkeiten. Werden diese Fähigkeiten, von denen es auf beiden Seiten noch unzählige weitere gibt, gemeinsam genutzt, so bin ich sicher, werden wir zusammen Höchstleistung vollbringen. Niemand wird nur mit einem »Typisch Mann«- oder »Typisch Frau«-Verhalten auftreten. Vielmehr sind Frau und Mann wie Yin und Yang. Es sind Polaritäten, die sich abwechselnd hervorbringen und gegenseitig bedingen. Das eine kann ohne das andere nicht leben. Über Yin und Yang sagt man, dass sie als dynamisches Paar von Gegensätzen gelten und sich gegenseitig stärken. Genau solche Verbindungen brauchen wir in den Unternehmen.

Frauen, das haben wir doch nicht nötig!

Im Zuge der Emanzipation der Frau gehört für einige offenbar auch dazu, dass die Sprache geschlechtergerecht werden soll. War dies früher hauptsächlich ein Thema von kämpferischen Frauengruppen, so beschäftigen sich heute Landesregierungen, Behörden und Universitäten mit dem Finden der richtigen Bezeichnungen, die niemanden diskriminieren. Feministinnen sind der Meinung, die Frau werde sprachlich unterdrückt und die Sprache müsse sich ändern, damit sich auch die Machtverhältnisse ändern können. Dies oft ohne die geschichtliche Herkunft und das traditionsbedingt Gewachsene zu berücksichtigen.

So waren denn auch evangelische Theologen gefordert, eine »Bibel in gerechter Sprache« zu schreiben. In dieser gerechten Bibel wird aus »Herrlichkeit« zumeist »Glanz«, wegen der Silbe »Herr«. Diese stammt zwar vom Adjektiv »hehr« – erhaben – aber sicher ist sicher. Gott ist in dieser Bibel wahlweise weiblich oder männlich, mal die »Lebendige« oder schlicht »Ich bin da«[8]. Universitäten wissen nicht mehr, ob es jetzt StudentInnen, Studierende oder Student_innen heisst. Lann Hornscheidt vom Zentrum für Transdisziplinäre Geschlechterstudien der Humboldt-Universität in Berlin schlägt daher eine neue Form vor: Studierx. Ebenfalls möchte sie als Frau mit einer Professur als Professx angesprochen werden und nicht als Frau Professorin.[9]

Wohin führt das am Schluss? Da werden Tausende und Abertausende Franken oder Euro von unseren Steuergeldern eingesetzt für sprachliche Änderungen und ich frage mich, ob diese wirklich im Sinne der Mehrheit von uns Frauen sind. Ist Frau tatsächlich mächtiger, wenn solche Änderungen vollzogen sind? Wären diese Gelder nicht vielleicht besser eingesetzt, um zum Beispiel Kinderkrippen und Tagesschulen zu finanzieren oder aufzubauen?

Ende 2011 wurde in Österreich per Gesetz der Originaltext der Bundeshymne in »Die grossen Töchter und Söhne« geändert. Im Originaltext von Paula von Preradovic steht »Heimat bist du grosser Söhne«. Der österreichische Volksmusikstar Andreas Gabalier, der anlässlich des Formel 1 Grand Prix in Spielberg die Bundeshymne gesungen hat, hat statt der neuen, gesetzlich verankerten Version die alte Version gesungen. Dies hat in Österreich ziemlich Unruhe ausgelöst. In einem offenen Brief wurde er von den Grünen Frauen Wiens gemassregelt. Es sei inakzeptabel, dass er die Version gesungen habe, in welcher die historische Leistung der Frau nicht gewürdigt werde.[10] Meiner Meinung nach geht es in solchen Diskussionen nicht nur um die Frau, sondern auch um Traditionen. Auch bei uns in der Schweiz wird über eine neue Landeshymne in allen vier Landessprachen, die sich am Gleichstellungsauftrag orientiert, diskutiert. Landeshymnen sind Teil der Geschichte eines Landes. Aus meiner Sicht kann oder soll man Geschichte nicht einfach verändern oder neu schreiben, nur um diese geschlechterkonform zu machen. Da geht so viel verloren. Definiert sich das Selbstbewusstsein der Frau von heute tatsächlich über solche Themen? Also meines ganz bestimmt nicht!

In diese Rubrik fällt auch die Frage »Darf ein Mann einer Frau in den Mantel helfen oder die Türe öffnen?«. Wohlgemerkt, diese Thematik ist sowohl für Frauen wie für Männer nicht ganz einfach. Männer wissen oft nicht, ob Frau das will und Frau weiss nicht, ob Mann ein Gentleman ist. Ich persönlich schätze es ungemein, wenn Herren in meiner Umgebung diese kleinen, aber sehr netten Aufmerksamkeiten zeigen. Ich sehe das als Wertschätzung mir als Frau gegenüber und nicht als Beschneidung meiner weiblichen Kompetenz. Ich lasse mir gerne in den Mantel helfen oder die Türe öffnen. Leider sind die Männer mit Stil vom Aussterben bedroht. Vielen sind diese Aufmerksamkeiten nicht mehr bekannt oder sie finden sie altmodisch. Das liegt aber nicht nur an den Männern, sondern auch an uns Frauen. Wenn wir solche Aufmerksamkeiten nicht schätzen, wird sie der Mann auch nicht mehr anbieten.

Auch wenn wir Businessfrauen grösstenteils unabhängig und durchaus im Stande sind, für uns selber zu sorgen, so weiss ich, dass sich dennoch viele Powerfrauen im Beruf und im Privaten Männer mit Klasse wünschen. Männer, die sich wie Männer benehmen und uns Frauen auf Augenhöhe begegnen.

5 Tipps für den Umgang mit Männern, 5 Tipps für den Umgang mit Frauen

Meine fünf Tipps gestalten sich zum Schluss etwas anders. Frauen und Männer sollen Anregungen erhalten, um das jeweils andere Geschlecht besser zu verstehen. Wohlgemerkt, diese Anregungen gelten nicht nur fürs Business und es gäbe für beide Geschlechter weit mehr als fünf Tipps.

Für Frauen	Für Männer
Nehmen Sie Kritik nicht gleich persönlich. Schauen Sie aus der Distanz, was kritisiert wird und bleiben Sie dabei auf der Sachebene.	Diskutieren Sie mit einer Frau nicht nur sachlich. Überlegen Sie sich auch auf der emotionalen Ebene, was Sie sagen möchten.
Wenn Sie etwas gefragt werden, geben Sie eine klare Antwort, eventuell ein »Ja« oder »Nein«, ohne anschliessende Rechtfertigung.	Nehmen Sie die Businessdame ernst, keine abschätzigen Bemerkungen und keine lüsternen Gedanken – Frauen spüren solche Dinge!
Machen Sie klare Ansagen! Sagen Sie, was Sie wollen. Niemand kann Ihre Wünsche von den Augen ablesen.	Wenn eine Frau Fragen stellt, signalisiert sie damit ihr Interesse. Eine Frau fragt nicht aus Schwäche, sondern um mehr darüber zu erfahren und die Dinge besser zu verstehen.
Wenn Sie etwas zu sagen haben, dann nehmen Sie sich den Raum. Reden Sie laut, klar und deutlich.	Frauen können sehr wohl auch über die Fussball-Weltmeisterschaft, Politik und das Militär diskutieren – unterschätzen Sie sie nicht.
Männer ziehen sich bei Problemen sehr oft zurück und möchten sie alleine lösen. Respektieren Sie das und geben Sie dem Mann diese Zeit.	Denken Sie daran: Frauen wollen keine Ratschläge. Sie möchten, dass Sie ihnen zuhören.

ES WAREN NICHT EINFACH INTERVIEWS

In diesem Buch habe ich nicht nur meine Gedanken zu »Frau und Karriere« aufgeschrieben, sondern wollte von erfolgreichen Menschen hören, wie sie ihren Weg gegangen sind. Diese 16 erfolgreichen Persönlichkeiten zu treffen, war nicht nur interessant und spannend, jedes Interview war auf besondere Weise einzigartig. Eines haben alle Interviewten gemeinsam – sie haben ihr Ziel erreicht, in eine Spitzenposition zu gelangen.

Alle Interviewpartnerinnen und -partner bekamen dieselben Fragen gestellt. Ich wollte mit ihnen keine Gender- oder Frauenquotendiskussion führen, sondern von ihnen wissen, wie sie es geschafft haben, erfolgreich zu werden. Die Interviewfragen sind auf meine fünf Schritte im Buch abgestützt. Mein Ziel ist es, Ihnen, liebe Leserin und lieber Leser, das Leben von erfolgreichen Persönlichkeiten näher zu bringen. Ihnen aufzuzeigen, dass zu einer erfolgreichen Karriere auch Rückschläge und Selbstzweifel gehören. Dass Rückschläge und Schlüsselerlebnisse kein Grund sein müssen aufzugeben, sondern zu erkennen, dass man daran wachsen kann. Einige Interviewpartnerinnen und -partner sind sogar der Meinung, dass eine persönliche Weiterentwicklung nur dank Rückschlägen und Schlüsselerlebnissen möglich sei. Selbstkritisch haben sie erzählt, dass auch sie manchmal oder immer wieder unter Selbstzweifeln leiden. Und auch die sind nötig, um sich immer wieder selber zu hinterfragen.

Bei der Frage nach der Karriereplanung wussten einige schon sehr früh und sehr genau, wo sie hin wollten, bei anderen hat sich die Karriere im Laufe der Zeit entwickelt. Und nach den Berufswünschen als Kind gefragt, bekam ich von »Papi« über Pilotin bis zu Bahnhofvorstand oder Strassenwischer so ziemlich alles zur Antwort.

Alle interviewten Personen haben etwas gemeinsam, sie verfügen über ein grosses Netzwerk, das sie über die Jahre aufgebaut haben und pflegen. Und alle waren sich einig, dass ein Netzwerk, sei es beruflich oder privat, sehr wichtig ist.

Einige Personen haben das Interview auch genutzt, um sich oder ihr Unternehmen besonders darzustellen oder anders gesagt, um sich selber gut zu verkaufen. Eindrücklich war, wie Selbstmarketing bei den einen mehr und den anderen weniger spürbar wurde.

Sehr aufschlussreich war für mich persönlich die Frage der Synergienutzung beziehungsweise, ob Jobs aufgrund des Geschlechts vergeben werden. Hier waren sich alle einig, dass der Job an die oder den Besten vergeben werden soll.

Wir haben viel gelacht während der Interviews. Besonders bei der letzten Frage nach den Karrieretipps für Frauen mussten die Männer oft schmunzeln – wollte sich doch manch einer davor hüten, einen Tipp abzugeben. Wie Sie aber lesen können, habe ich allen einen Tipp abgeknöpft.

Diese Interviews zu führen, war eine einmalige und wundervolle Erfahrung. Ich war erfreut und berührt, wie viele erfolgreiche Persönlichkeiten auf meine Anfrage zugesagt haben. Einzelne haben sehr spontan Ja gesagt, andere haben sich etwas mehr Zeit gelassen. Natürlich haben nicht alle angefragten Personen zugesagt. Entweder weil es nicht in ihren Terminkalender passte oder weil sie sich zu diesem Thema nicht äussern wollten.

Über jede Zusage habe ich mich gefreut und Absagen konnte ich gut hinnehmen, weil ich von Anfang an sicher war, dass mir genau die richtigen Personen für die Interviews zusagen werden.

Ich wurde in schönen Büros empfangen, einmal sogar privat eingeladen und ausgezeichnet bekocht, habe ein Interview in einem Jazzkeller geführt und in Hotel-Lobbys, habe beim Stuntman erlebt, dass Red Bull tatsächlich Flügel verleiht, wurde an die Salzburger Festspiele eingeladen, habe eine Märchenkönigin kennen gelernt und erschien als geladener Gast in einem Dirndl an einer Almsommer-Party. Mit jeder einzelnen Person verbindet mich ein ganz spezielles Erlebnis, für das ich dankbar bin. Und aus jedem Interview habe ich etwas mitgenommen, das mich besonders berührt hat oder das mich seither in meinem Alltag begleitet. Ich bin sicher, dass auch Sie in jedem Interview die für Sie passende Aussage finden.

Es waren nicht einfach Interviews, es waren einzigartige Begegnungen.

Dr. Alice Brauner, 1966

Filmproduzentin

Mein Motto:
»Das Wichtigste im Leben ist, bescheiden und demütig zu bleiben, egal wie gross der Erfolg ist, den man hat.«

LEBENSLAUF
Alice Brauner wurde in Berlin geboren und studierte Neuere Geschichte, Politische Wissenschaften und Romanistik. Sie arbeitete für verschiedene Printmedien als Redakteurin und wurde dann Interviewerin und Referentin bei der Stiftung »Survivors of the Shoah Visual History Foundation«. Diese Stiftung von Steven Spielberg archiviert Aussagen von Überlebenden des Holocaust. Brauner promovierte am Zentrum für Antisemitismusforschung der Technischen Universität in Berlin. 1999 wurde sie bei TV.Berlin Moderatorin des politischen Streitgesprächs »Auf den Punkt Berlin«, später hatte sie ihre eigene Talkshow namens »Alice«. 2001 wechselte sie zum Nachrichtensender n-tv. In ihrer Sendung »Seite 17« stellte sie politische Bücher und deren Autoren vor. Heute ist Brauner in der Geschäftsführung von CCC Filmkunst GmbH und CCC Cinema und Television GmbH als Film-, Fernseh- und Web-Produzentin tätig. Sie realisierte Kinofilme wie »Der letzte Zug«, der 2005 mit dem Bayerischen Filmpreis ausgezeichnet wurde, oder »So ein Schlammassel«. Ihr neuster Kinofilm heisst »Auf das Leben«. Alice Brauner ist verheiratet und Mutter zweier Söhne.

Was fällt Ihnen spontan zum Thema Frauenkarriere und Männerkarriere ein?

Dass Männer nach wie vor – und biologisch bedingt – grössere Chancen haben, Karriere zu machen. Als Frau im Berufsleben und mit Kindern unterliegt man immer dem Spagat, beiden Teilen gerecht werden zu wollen. Trotz aller emanzipatorischer Leistungen und Strukturen, die sich auch von staatlicher Seite her geändert haben, ist man vom persönlichen Konflikt nicht befreit. Mache ich für das eine genug, mache ich für das andere genug? Was kommt zu kurz? Da haben es die Männer schon sehr viel leichter. Ich habe mir abgewöhnt, ein schlechtes Gewissen zu haben, weil ich in erster Linie Mutter bin. Ich versuche, dieser Aufgabe alles andere unterzuordnen. Mir ist bewusst, dass ich im Filmgeschäft bedeutend mehr erreicht hätte, wenn ich mein Schwergewicht auf den Beruf und nicht auf meine Familie gelegt hätte. Ich habe deswegen aber kein schlechtes Gefühl, weil ich diese Zeit meinen zwei Jungs, die jetzt 16 Jahre alt sind, schenken wollte. Und in zwei Jahren, wenn die beiden das Abitur in der Tasche haben und mit dem Studium beginnen, wird sich viel ändern.

Gab es in Ihrer Laufbahn auch Rückschläge oder Schlüsselerlebnisse?

Ja natürlich. Welcher Mensch erlebt diese nicht? Ich hatte Rückschläge privater und beruflicher Natur. Aber mein Vater hat mir beigebracht, immer wieder aufzustehen und sich niemals unterkriegen zu lassen. Das kommt natürlich aus seiner Kriegsvergangenheit, denn wer den Holocaust überlebt hat, dem kann nichts Schlimmeres mehr passieren. Dieses »Immer-wieder-aufstehen« war meinen Eltern in der Erziehung wichtig. Auch wenn es sehr abgedroschen klingt: ein Rückschlag bringt uns am Schluss weiter, sofern wir darüber nachdenken, was falsch gelaufen ist und was man hätte besser machen können. Wenn ich heute nochmals geboren werden würde, würde ich nichts anders machen. Auch die Rückschläge, die ich erlebt hatte, waren wichtig. Gerade im Filmgeschäft braucht man ein dickes Fell. Man bekommt so viele Absagen bei Projekten, an denen man zum Teil jahrelang gearbeitet hat – weil das Geld nicht da ist oder weil das Thema im Moment nicht passt.

Wie gehen Sie damit um?

Wenn ein Rückschlag kommt, dann bin ich einen Moment lang enttäuscht und vielleicht auch deprimiert. Ich schreie, wenn ich alleine bin, in meinem Büro herum, denn ich bin eine sehr temperamentvolle und emotionale Frau. Ich möchte mir das Ganze aber nicht zu Herzen nehmen. Das schaffe ich, indem ich mir die rationalen Gründe aufzeige und begreife, dass die Absage nichts mit mir persönlich zu tun hat, sondern das Projekt im Moment nicht passt.

Dann schlafe ich eine Nacht darüber und in der Regel geht es mir dann besser. Danach widme ich mich neuen Dingen und versuche, die andere Sache ad acta zu legen und mich an etwas Positivem festzuhalten. Das mache ich sowohl beruflich wie auch privat so. Ich bin glücklicherweise ein durch und durch positiv eingestellter Mensch. Was auch immer ich an negativen Nachrichten bekomme, sobald ich diese rational betrachtet habe, schaue ich sofort wieder nach vorne. Diese gute Eigenschaft wurde mir in die Wiege gelegt.

Man sagt, Männer treten selbstsicherer auf als Frauen. Was denken Sie darüber?

Ich glaube nicht, dass Männer selbstsicherer sind. Im Gegenteil. Ich denke, dass Frauen insgesamt viel gefestigter sind. Ich habe das Gefühl, dass viele Männer eine Fassade aufsetzen. Und je mehr Fassade, desto weicher ist der Kern, den der Mann nach aussen hin zu verstecken versucht. Es gibt aber auch sehr starke Männer wie zum Beispiel Bill Clinton oder Barack Obama, denen man die Schwächen ansieht und die sie auch zeigen. Diesen Männern nehme ich ihr selbstbewusstes und starkes Auftreten dann auch ab. Frauen reagieren viel empfindlicher, wenn sie kritisiert werden. Kritik bringt Frauen viel eher aus der Bahn als Männer. Frauen sind sensibler und nehmen Kritik persönlicher. Auch der Umgang mit Lob gehört da für mich dazu. Wenn ich persönlich ein Kompliment bekomme – zum Beispiel »Wow, siehst du heute gut aus!« – dann denke ich automatisch: »Wie bitte? Und die restlichen 364 Tage im Jahr sehe ich schrecklich aus?«. Diese Reaktion ist doch typisch für uns Frauen.

Kommen Ihnen im beruflichen oder im privaten Umfeld trotz erfolgreicher Karriere manchmal Selbstzweifel?

Ja, das kenne ich natürlich. Alle paar Monate frage ich mich, was ich hier in der Filmbranche überhaupt mache. Zum Beispiel dann, wenn ich glaube, einen sensationellen Stoff oder einen Bestseller entdeckt zu haben. Ich sehe den Film schon sprichwörtlich vor mir und weiss, dass er die Welt bewegen wird. Und dann schaffe ich es nicht, das

Projekt auf die Beine zu stellen, weil es von so vielen, vor allem monetären Faktoren abhängig ist. Da können einem schon mal Zweifel kommen, ob man überhaupt das Richtige macht. Aber diese Zweifel vergehen relativ schnell wieder, wenn auf der anderen Seite ein Erfolgserlebnis da ist. Daran halte ich mich dann fest. Meine Söhne sagen mir jeweils, wenn ich deprimiert bin: »Mama, das ist doch nicht so schlimm, wir haben ja uns.« Das ist für mich das Wesentliche. Ich habe das grosse Glück – und dafür bin ich auch unendlich dankbar – dass ich mit meinem Mann, den Kindern, meinen Eltern und Geschwistern eine ganz tolle und starke Familie im Rücken habe.

Und wie wissen Sie, dass das, was Sie machen, richtig ist?

Die Resonanz, die ich auf meine Projekte erhalte, zeigt mir, dass ich auf dem richtigen Weg bin. Für meinen neuen Film »Auf das Leben«, der im November in die Kinos kommt, habe ich bereits Anfragen von sehr vielen grossen Festivals. Das ist eine schöne Bestätigung.

In Ihrer Position verfügen Sie bestimmt über ein grosses Netzwerk. Wie wichtig ist dies für Ihre Karriere?

Das Netzwerk ist in meiner Branche das Wichtigste. Ich hätte gar nicht in die Filmbranche einsteigen können, hätte ich nicht schon vorher ein Netzwerk aus dem Journalismus gehabt. Der Name Brauner kann zwar durchaus als Türöffner dienen, aber dann muss ich selber zeigen, was ich kann.

Wo und wie bauen Sie Ihr Netzwerk auf?

Glücklicherweise verstehe ich mich mit den meisten Menschen gut. Ich pflege noch heute den Kontakt zu Menschen, mit denen ich vor zwanzig Jahren zusammengearbeitet habe. Diese Kontakte sind ein gegenseitiges Geben und Nehmen. Mein Netzwerk konnte ich gut aufbauen und halten, weil ich von meinen Eltern gelernt habe, immer bescheiden und auf dem Boden zu bleiben, egal welchen Erfolg man hat. Denn Hochmut kommt vor dem Fall. Ein gutes Netzwerk bedingt zudem, mit den Personen einen menschlichen Umgangston zu pflegen. Mein Netzwerk besteht nicht nur aus »wichtigen« Menschen, sondern vor allem aus Menschen, mit denen ich mich stark verbunden fühle. Dafür war meine Zeit als Journalistin und Moderatorin viel Wert, weil damals wertvolle Kontakte entstanden sind. Natürlich kann ich nicht jede Woche mit Bekannten essen gehen, weil der Abend für meine Familie reserviert ist. Aber das ist auch gar nicht nötig. Kontakt halten kann man auch mit einer E-Mail, über Facebook oder mit Geburtstags- und Weihnachtskarten. Diese Dinge sind mir sehr wichtig.

Was wollten Sie als Kind werden?

Ich wollte immer Journalistin werden, weil ich schon als kleines Mädchen gerne geschrieben habe. Ich war sehr neugierig, habe schon früh viel gelesen. Für mich gab es gar keinen anderen Weg. Mein Abitur war leider nicht ausreichend, um Publizistik zu studieren. So habe ich mich für Geschichte, politische Wissenschaften und Romanistik entschieden. Das Studium war enorm wichtig, um mir das Mass an Allgemeinwissen anzueignen, das man als Journalistin braucht. Meine Arbeit als Journalistin aber auch als Moderatorin machte mir Spass. Auf n-tv hatte ich ein Jahr lang eine Büchersendung. Das war einzigartig. Lesen gehört zu meinen liebsten Beschäftigungen. Und jede Woche ein Buch lesen und den entsprechenden Autor zu interviewen, das empfand ich als puren Luxus. Heute arbeite ich als kreative Filmproduzentin, das heisst, ich bin nicht nur für die Geldbeschaffung unterwegs, sondern am ganzen Entwicklungsprozess beteiligt. Ich überlege mir, welches Material wir brauchen, mit welchem Drehbuchautor und mit welchem Regisseur wir arbeiten und entscheide mit, welche Schauspieler für die Rollen gewählt werden. Dieser ganze kreative Prozess bis hin zur Entstehung des Films ist vergleichbar mit dem Schreiben einer Geschichte. Insofern gibt es bei meiner heutigen Arbeit einige Parallelen zum Journalismus.

Wie haben Sie Ihre Karriere geplant?

Ich habe meine Karriere nicht geplant. Meine Mutter hat mir aber in meiner Kindheit sehr viel von der Journalistin Oriana Fallaci erzählt, die das Buch »Brief an ein nie geborenes Kind« geschrieben hat. Darüber habe ich viel recherchiert und diese Journalistin sehr bewundert. So wollte ich auch werden. Sie war mein Vorbild. Ich habe aber klein angefangen, beim Spandauer Volksblatt, was mir enorm Spass machte. Zudem war ich immer offen für Angebote von aussen. So musste ich mich danach auch nie wieder bewerben. Meine Karriere wurde eigentlich aufgrund von Anfragen gebaut. Mein Einstieg ins Filmgeschäft war im Jahr 2006, als der Herstellungsleiter bei der Filmproduktion »Der letzte Zug« ausfiel und ich auf Wunsch meines Vaters ins eiskalte Wasser springen und übernehmen musste. So habe ich ein Jahr lang von der Pike auf alles gelernt, musste mir aber viel selber beibringen. Ich hätte mir nie vorstellen können, einmal Filmproduzentin zu werden. Zum einen, weil ich nie mit meinem Vater zusammenarbeiten wollte und zum anderen, weil es in Deutschland sehr wenige unabhängige Filmproduzentinnen gibt. Man muss sich da in einem stark männerdominierten Bereich durchsetzen und braucht dazu einen unglaublich starken Willen. Ohne die jahrzehntelange erfolgreiche Vorarbeit meines Vaters, wäre ich nicht in die Branche eingestiegen.

Synergien nutzen bedeutet, die weiblichen und männlichen Stärken zu kennen und die Vorzüge gezielt einzusetzen. Welches sind aus Ihrer Sicht Stärken und Schwächen von Mann und Frau?

Männer können mit Kritik viel besser umgehen als Frauen. Sie stecken das schneller weg und machen sofort weiter. Sie sind wohl eher von sich überzeugt und auch davon, dass sie den richtigen Weg einschlagen. Männer lassen sich weniger durch Kleinigkeiten aufhalten, sondern denken eher an die Sache und daran, wie sie ihr Konzept umsetzen wollen. Was sie im Kopf haben, ziehen sie durch. Männer an der Spitze haben meines Erachtens viel stärkere Ellenbogen und gehen auch über Leichen. Wir Frauen sind Perfektionistinnen. Alles muss bis ins Detail stimmen. Wir lassen uns viel mehr von Kritik oder Misserfolg beeinträchtigen. Ich glaube, dass Frauen sich sehr schnell verunsichern und entmutigen lassen. Frauen haben aber eindeutig einen sozialeren und menschlicheren Zugang zu Geschäftspartnern und zu ihren Angestellten. Die Frauen, die ich kenne und die in Spitzenpositionen sind, wissen, was sie wollen. Sie sind zwar taff, zeigen aber Menschlichkeit und gehen nicht über Leichen. Frauen denken über alles nach; in der Gesamtheit, über sachliche Inhalte, aber auch über den sozialen Umgang.

Haben Sie abschliessend einen Karrieretipp für Frauen?

Eine Frau muss sich entscheiden, was sie zuerst will: Familie oder Karriere. Frau kann zwar einen Beruf ausüben, aber mit Kindern nicht gleichzeitig noch Karriere machen. Sie soll diese Entscheidung gut überlegen und gut planen. Selbst die besten Kindermädchen ersetzen keine Mutter. Entweder bleibt die Karriere auf der Strecke oder die Kinder – auch wenn das nach aussen hin vielleicht nicht so scheint.

Dr. Bjørn Johansson, 1947

Dr. oec. Universität St. Gallen (HSG), Verwaltungsratspräsident und CEO der Dr. Bjørn Johansson Associates AG in Zürich

Mein Motto:

»Immer anstreben, der beste Headhunter weltweit zu sein«

LEBENSLAUF

Bjørn Johansson wurde im norwegischen Kristiansand geboren und studierte an der Universität St. Gallen (HSG). Nach diversen Studienaufenthalten in den USA – unter anderem an der Harvard Business School und an der University of California, Berkeley – übte er in mehreren europäischen Ländern verschiedene Managementpositionen in führenden Unternehmen der Konsumgüter- und Textilindustrie sowie im Dienstleistungssektor aus.

Seine Karriere als Executive-Search-Berater begann er 1980 als Vice President bei der Firma Spencer Stuart in Zürich. Nach diversen Stationen gründete er 1993 die »Dr. Bjørn Johansson Associates AG«, ein global operierendes Executive-Search-Unternehmen, das auf die Direktsuche von CEOs, Managing Directors und Verwaltungsräten spezialisiert ist. Johansson hat im Verlaufe seiner 34-jährigen Karriere über 700 hoch qualifizierte Führungskräfte in gewinnorientierten Firmen und gemeinnützigen Organisationen in mehr als 35 Ländern weltweit platziert. Gemäss »Business Week« gehört er zu den 50 einflussreichsten Headhunter weltweit. Johansson ist verheiratet, Vater von zwei Kindern und hat drei Enkelkinder.

Was fällt Ihnen spontan zum Thema Frauenkarriere und Männerkarriere ein?

Karriere ist Karriere, sowohl für Frauen wie für Männer. Es gibt nur einen grossen Unterschied zwischen Mann und Frau und der heisst: »MKKKK – Männer können keine Kinder kriegen«. In meiner Kindheit waren die Aufgaben klar verteilt. Während die Männer zur Arbeit gingen, blieben die Frauen zu Hause und kümmerten sich um die Erziehung der Kinder. Die Einstellung zur Karriere hat sich im Laufe der Jahre verändert. Nicht nur bei den Frauen, sondern mehr und mehr auch bei den Männern. Frauen wollen heute vermehrt Karriere machen und die Männer sind bereit, dafür einen Teil der Kindererziehung zu übernehmen. Ich muss aber auch festhalten, dass eine Karriere im Topkader im Teilzeitpensum kaum oder gar nicht möglich ist. Das ist wohl auch einer der Gründe, warum Frauen nach dem ersten oder zweiten Kind die Karriere unterbrechen. Ich möchte es so zusammenfassen: Die Karriere ist im Wandel.

Gab es in Ihrer Laufbahn auch Rückschläge oder Schlüsselerlebnisse?

Ein Rückschlag in meinem Leben war sicher die Scheidung nach 25 Ehejahren. Ich bin ein Familienmensch, der in einem sehr harmonischen Umfeld aufgewachsen ist. Streit oder Uneinigkeit kannte ich nicht. Schlüsselerlebnisse gab es in meinem Leben einige. Ein ganz wichtiges war meine Aufnahme an die HSG in St. Gallen. Schon mit 15 Jahren wusste ich, dass ich an der HSG studieren wollte und fünf Jahre später habe ich dann die Aufnahmeprüfung bestanden. Bereits im sechsten Semester habe ich als Vollassistent gearbeitet und mein damaliger Professor hat mich zum Doktorieren ermutigt. Für meine Dissertation war ich zwei Jahre in Amerika und konnte anschliessend in einer grossen amerikanischen Firma in England arbeiten. Wieder zurück in der Schweiz sprach mich im Dezember 1979 der Chef von Spencer Stuart an, ob ich als Executive-Search-Berater in die Firma einsteigen wolle. Intuitiv habe ich gewusst: Das ist es! Ich will Headhunter werden! Ein weiteres, ganz zentrales Schlüsselerlebnis war vor rund 22 Jahren, als ich mich selbständig machte. Ich hatte damals zwei Ziele vor Augen. Ich wollte auf meinem Gebiet der Beste sein und meinen Job jeden Tag mit Spass verrichten. Der Beste zu sein, bedingt nicht nur eine stetige berufliche und persönliche Weiterentwicklung, sondern auch das Wissen, dass man einen obersten Gipfel nie erreicht. Denn ist man auf dem einen Gipfel angelangt, ist bereits der nächste, noch grössere Gipfel ersichtlich. Wichtig ist, dass man Schlüsselerlebnisse als solche erkennt. Leider gibt es viele Menschen, die solche Chancen – seien es berufliche oder private – nicht erkennen. Bei Beratungen frage ich oft: »Wie haben Sie Ihren Partner oder Ihre

Partnerin kennen gelernt?« Die meisten bezeichnen dieses Aufeinandertreffen als Zufall. Und genau so verhält es sich auch mit der Karriere. Vieles ist Schicksal und für dieses Schicksal oder eben Schlüsselerlebnis sollten wir dankbar sein.

Kommen Ihnen im beruflichen oder im privaten Umfeld trotz erfolgreicher Karriere manchmal Selbstzweifel?

Selbstzweifel habe ich eigentlich nicht. Vielleicht liegt das ein bisschen in den Genen der Wikinger und Norweger. Ich bin sehr neugierig und erforsche gerne die Welt und den Menschen. Ich gehe Risiken ein – auch dann, wenn es anderen zu gefährlich scheint. In meinem Beruf bekomme ich immer Feedback und ich habe auch den Mut, nach Feedback zu fragen.

Wie wissen Sie, dass das, was Sie machen, richtig ist?

Natürlich habe ich auch Fehlentscheide getroffen, aber ich versuche, daraus zu lernen. Wichtig ist in einem solchen Moment, zu handeln und nicht in Selbstzweifel oder in eine Spirale von negativen Gedanken zu verfallen. Unternehmertum und Karriere bringen Fehlentscheide mit sich, das ist normal. Ich kann mich sehr gut von schlechten Dingen lösen, abhaken und nach vorne schauen. Schliesslich können wir die Vergangenheit nicht verändern, nur die Zukunft.

Welchen Berufswunsch hatten Sie als Kind oder Jugendlicher?

Ich bin in der Zeitungs- und Verlagsbranche aufgewachsen. Mein Vater hat sehr erfolgreich eines der grösseren Zeitungshäuser in Norwegen geführt und dadurch habe ich schon sehr früh unglaublich viel gelesen. Mein Traum als Kind war, die Welt zu erobern. Einerseits wollte ich nach Hollywood, Los Angeles und Kalifornien, andererseits an die HSG nach St. Gallen. Ich habe mich dann für St. Gallen entschieden.

Wie haben Sie Ihre Karriere geplant?

Ich wurde in St. Gallen aufgenommen und habe angefangen zu studieren. An der HSG habe ich viel unterrichtet und meine Dissertation zum Thema »Kreativität und Marketing« geschrieben. Damals habe ich mir wirklich überlegt, ob ich nicht eine akademische Laufbahn einschlagen soll. Doch dann geschah etwas Entscheidendes. 1975, als ich in den USA war, boten mir die Hauptaktionäre und der Sohn des Gründers von Oil of Olaz einen Marketingjob in London an. Somit wurde nichts aus meiner akademischen Laufbahn.

Konnten Sie sich vor 30 Jahren vorstellen, einmal zu den 50 einflussreichsten Headhunters weltweit zu gehören?

Ich habe erst im Dezember 1979 erfahren, was ein Executive-Search-Berater ist. Und ja, ich wusste schon damals, dass ich einmal zu den Besten gehören werde. Ich wollte schon mein Leben lang immer der Beste sein, national und international.

In Ihrer Position verfügen Sie bestimmt über ein grosses Netzwerk. Wo und wie bauen Sie dieses auf?

Das Basisnetzwerk sind sicher Familie und Verwandtschaft. Zudem bin ich in diversen Netzwerken wie HSG Alumni, Harvard Business School Alumni und Swiss American Chamber of Commerce. Ein ganz wesentliches Netzwerk für mich ist das World Economic Forum (WEF) in Davos. Dieses Jahr war ich bereits das 24. Mal mit dabei. Da ich kein Zürcher bin, bin ich in keiner Zunft und auch nicht in einem Club wie Lions, Kiwanis oder Rotary. Aber ich war 13 Jahre lang Mitglied im »Round Table«. Dieser Serviceclub ist vergleichbar mit Rotary oder Kiwanis. Allerdings ist eine Mitgliedschaft nur bis zum 40. Lebensjahr möglich. Bei »Round Table« war ich unter anderem Chairman für ganz Europa, für insgesamt 24 Länder und 70'000 Mitglieder. Das war sehr zeitintensiv. Man muss sich bewusst sein, dass ein Netzwerk gepflegt werden muss und diese Pflege beansprucht Zeit, Energie und auch Geld. Gerade der

Faktor Zeit darf in unserer hektischen und schnelllebigen Welt nicht unterschätzt werden. Die Zeit bleibt nämlich immer gleich: 24 Stunden pro Tag, sieben Tage pro Woche und 52 Wochen pro Jahr. Aber die Anforderungen und Erwartungen werden immer grösser.

Ist dieses Netzwerk für die Karriere wichtig?

Netzwerken ist sehr wichtig. In meinem Beruf ist es das A und O. In einem Netzwerk geht es nicht nur ums Profitieren, sondern auch darum, ein interessanteres Leben zu führen. Auch ein Golfclub, ein Turnverein oder ein Jodelchor sind Netzwerke. Das Problem ist oftmals, dass alle Mitglieder etwa im gleichen Alter sind und dann gleichzeitig pensioniert werden oder ins Altersheim gehen. Aus meiner Sicht ist es ganz wichtig, dass in Netzwerken auch junge Menschen nachgezogen werden. Meine Eltern haben den Kontakt zu jungen Menschen immer intensiv gepflegt und das habe ich von ihnen gelernt. Darum halte ich viele Vorträge an Universitäten und Fachhochschulen. Der Austausch mit jungen Menschen ist mir wichtig. Heute gibt es auch viele Frauen-Netzwerke. Aus meiner Sicht sind diese aber zu einseitig und oftmals unterstützen sich diese Frauen gegenseitig nicht. Ich habe sogar gehört, dass in diesen Netzwerken viel über andere gelästert oder über Dinge gejammert wird. Ich finde es gut, in einem Frauen-Netzwerk zu sein, aber dies alleine genügt meiner Ansicht nach nicht. Frauen, die weiterkommen wollen, brauchen den Austausch mit Männern.

Synergien nutzen bedeutet, die weiblichen und männlichen Stärken zu kennen und die Vorzüge gezielt einzusetzen. Welches sind aus Ihrer Sicht Stärken und Schwächen von Mann und Frau?

Man sagt, dass bei Frauen Intuition und Einfühlungsvermögen stärker ausgeprägt seien als bei Männern. Auch beim Beobachten aus der Distanz oder bei der Wahrnehmung von Grauzonen sind sie besser. Frauen sind ruhiger und leiser und das ist nicht negativ. Männer denken eher schwarz-weiss und sind mehrheitlich Kämpfer. Das haben sie als Kinder schon auf dem Fussballplatz oder dem

Schulhof gelernt. Männer denken, sich mehr beweisen zu müssen. Grundsätzlich muss man aber den Menschen so nehmen, wie er ist. Ausserdem kann sich ein Mensch ja im Laufe der Zeit auch verändern. Ich habe viele Frauen in Unternehmen oder Verwaltungsräten platziert. Die wirklich guten Frauen haben mich jeweils gefragt: »Suchen Sie eine Quotenfrau oder eine Person mit meinen Kompetenzen und Erfahrungen?« Diese Frauen liessen sich – ohne Ausnahme – nur dann einstellen, wenn sie mit ihren Erfahrungen und ihrem Know-how einen Beitrag leisten konnten. Die Besetzung einer Führungsposition sollte aufgrund von Fähigkeiten erfolgen und nicht aufgrund des Geschlechts.

Haben Sie abschliessend einen Karrieretipp für Frauen?

Du musst dich selber sein. Versuch nicht, dich zu verstellen. Nütze die Vorteile, die du als Frau hast, voll aus und mach auf dich aufmerksam. Wähle den richtigen Partner aus. Wenn du Karriere machen möchtest, dann such dir einen Partner, der damit umgehen kann. Wenn du Familie möchtest, dann musst du akzeptieren, dass dies im obersten Top-Management in multinationalen Konzernen schlecht möglich oder sicher nicht einfach ist. Es gibt zwei Dinge im Leben, die wir nicht beeinflussen können: Die Geburt und den Tod. Aber dazwischen haben wir ganz viele »Choices« und diese müssen wir nützen. You always have a choice!

Dkfm[1] Elisabeth Gürtler, 1950

Geschäftsführerin Hotel Sacher Wien und Salzburg, Generaldirektorin der Spanischen Hofreitschule Wien

Mein Motto:

»Alles im Leben hat seine Zeit.«

LEBENSLAUF

Elisabeth Gürtler wurde in Wien geboren und studierte Handelswissenschaften an der Hochschule für Welthandel. Sie war bis 1983 mit dem Besitzer der Sacher Hotels, Peter Gürtler, verheiratet. Auf seinen Wunsch übernahm sie nach dessen Tod 1990 die Geschäftsführung der Sacher Hotels. Unter ihrer Leitung wurde das Sacher Hotel in Wien vergrössert und erhielt 2011 die Auszeichnung »Leading Legends Award«. Gürtler wurde mit verschiedenen Auszeichnungen geehrt, unter anderem war sie 1994 »Business Women of the Year«. 1998 wurde ihr das Grosse Silberne Ehrenzeichen für Verdienste um die Republik Österreich verliehen, 2001 erhielt sie das Goldene Ehrenzeichen für Verdienste um das Land Wien und 2004 den Titel »Kommerzialrätin«. 2013 wurde sie zum Ritter der Ehrenlegion »Chevalier dans l'Ordre de la Legion d'honneur« ernannt. Von 1999 bis 2007 war sie Leiterin des Wiener Opernballs, seit 2007 ist sie Generaldirektorin der Spanischen Hofreitschule in Wien. Ausserdem ist sie in verschiedenen Aufsichts- und Verwaltungsräten engagiert. Elisabeth Gürtler ist mit dem Kammerschauspieler Helmuth Lohner verheiratet und Mutter von zwei Kindern.

Was fällt Ihnen spontan zum Thema Frauenkarriere und Männerkarriere ein?

Wir haben in Österreich eine erfolgreiche Frauenpolitikerin gehabt, Maria Rauch-Kallat. Sie hat immer von der Gläsernen Decke gesprochen, die Frauen durchbrechen müssen. Ich glaube, dass sich Frauen immer irgendwo selber ein Limit setzen und auch nicht genügend Selbstbewusstsein haben, um über bestimmte Decken hinauszuwachsen. Es fehlt ihnen an diesem, manchmal fast unfassbaren, Selbstbewusstsein, das Männer haben. Männer fühlen sich sehr oft zu allem im Stande.

---

1 *Dkfm ist die Abkürzung für Diplomkaufmann.*

Gab es in Ihrer Laufbahn auch Rückschläge oder Schlüsselerlebnisse?

Nun ja, da müsste man zuerst definieren, was als Rückschlag bezeichnet wird. Oder ob man alles, was nicht gelingt, vielleicht auch als Anstoss betrachten kann, etwas neu zu organisieren, neu zu starten oder umzudenken. So könnte ich sagen, ich habe keine Rückschläge erlebt. Nichts war so schlecht, dass es nicht hätte passieren dürfen. Es ist schliesslich natürlich, dass nicht jeder Plan in Erfüllung geht und nicht alle Ziele immer erreicht werden.

Und wie gehen Sie damit um?

Das Wesentliche ist, sich nicht selbst zu bemitleiden und zu denken »Was bin ich für ein armer Mensch«. Ich überlege mir, warum es mir nicht gelungen ist, analysiere die Situation und suche nach einem anderen Weg. Ich lerne auch daraus und schaue, was ich bei einem nächsten Mal besser machen kann. Manchmal ist es dann so, wie es gekommen ist, vielleicht sogar besser. Ganz nach dem Motto »Alles Schlechte hat auch etwas Gutes«.

Kommen Ihnen im beruflichen oder im privaten Umfeld trotz erfolgreicher Karriere manchmal Selbstzweifel?

Natürlich kenne ich Selbstzweifel und glaube, dass diese auch ganz wichtig sind. Nur wer die Situation realistisch einschätzt und eine Sache mit einem gewissen Respekt angeht, ist umsichtig und sorgfältig genug, sich mit allen Dingen intensiv zu beschäftigen und sich damit entsprechend auseinanderzusetzen. Ich glaube, dass die wirklich erfolgreichen Leute so vorgehen. Wenn mir Unternehmer erzählen, dass sie ihre Geschäfte »vom Pool aus« machen oder alles durch Delegieren an andere erreichen, glaube ich das nicht. Die Realität sieht in meinen Augen anders aus.

Und wie wissen Sie, dass das, was Sie machen, richtig ist?

Das weiss ich natürlich nicht. Ausser ich erreiche ein Ziel, das ich mir vorgenommen habe. Aber auf dem Weg dorthin weiss ich noch nicht, ob es richtig ist. Eine Messgrösse ist sicher der Erfolg. Als wir das Hotel Sacher in Wien umbauten, haben wir das Hotel geschlossen, komplett ausgeräumt, die Statik verstärkt und drei Stockwerke aufgesetzt. Das ganze Projekt hätte natürlich auch schief gehen können. Die Gäste hätten sagen können, dass ihnen das Hotel nun zu modern sei oder ihnen die Raumhöhe oder die Grösse nicht mehr passe. Viele Leute haben bei einer Aufstockung um 40 Zimmer eine Senkung der Zimmerpreise erwartet, damit das Hotel überhaupt gefüllt werden kann. Wenn ich nun aber sehe, dass gerade die neuen Zimmer sehr beliebt sind und gut gebucht werden, dann weiss ich, dass unsere Überlegungen und die Strategie richtig waren.

In Ihrer Position verfügen Sie bestimmt über ein grosses Netzwerk. Wie wichtig ist dies für Ihre Karriere?

Das Netzwerk ist insofern wichtig, um zu wissen, an wen man sich in bestimmten Situationen wenden muss oder kann und wer im Falle eines Geschäftes oder bei der Realisierung einer Idee ein idealer Partner sein könnte. Wenn mich niemand kennt und ich wegen einer Projektidee jemanden als »No-Name« anfragen muss, ist dies viel schwieriger. Wer investiert schon Zeit und Geld in jemanden, den er nicht kennt?

Wo und wie bauen Sie Ihr Netzwerk auf?

Mein Netzwerk habe ich nicht aufgebaut, das hat sich ergeben. Das Hotel ist zum Glück ein Umschlagplatz für viele verschiedene Leute. Wir haben wichtige Gäste, die hier wohnen oder Personen aus ganz Österreich, die sich hier zum gemeinsamen Essen treffen oder eine Veranstaltung organisieren. So lerne ich natürlich auch gleich noch deren Gäste kennen. In Wien habe ich viele Funktionen übernommen. Ich war einmal Vizepräsidentin der Wirtschaftskammer

Österreich. Für österreichische Unternehmen ist es Pflicht, Teil der Wirtschaftskammer zu sein und so habe ich in dieser Zeit sehr viele weitere Unternehmer kennen gelernt. Während acht Jahren war ich Leiterin des Wiener Opernballs. Der Opernball ist ja nicht nur ein gesellschaftlicher, sondern auch ein wirtschaftlicher Anlass. Die Logen des Opernballs sind so teuer, dass sich nur grosse Unternehmen dort Plätze leisten können. Ausserdem ist es der offizielle Ball der Republik, somit hatte ich mit der ganzen politischen Liga zu tun. In dieser Funktion lernte ich auch sehr viele Künstler kennen. Als ich dieses Amt niederlegte, wurde ich für die Leitung der Spanischen Hofreitschule angefragt, welche ebenfalls unserem Bund gehört und Teil des Besuchsprogramms vieler Gäste ist. Da rufen viele Leute an, die mich bitten, ihre Gäste zu begrüssen oder diese zu betreuen. So ist mit der Zeit mein Netzwerk entstanden und ich habe durch meine verschiedenen Funktionen einen gewissen Bekanntheitsgrad erreicht.

Wie pflegen Sie dieses Netzwerk?

Für die Pflege meines Netzwerkes bleibt mir leider praktisch keine Zeit. Natürlich bemühe ich mich, die Leute immer zu begrüssen. Ich werde auch an viele Anlässe eingeladen, aber es ist mir nicht möglich, an allen teilzunehmen. Ich versuche jedoch, an den grossen Anlässen, an denen auch die Wirtschaft präsent ist, dabei zu sein. Reine Gesellschaftsanlässe besuche ich weniger. Ganz wichtig für Österreich sind natürlich auch die Salzburger Festspiele. Da sind viele internationale Gäste und Konzernchefs aus aller Welt anwesend.

Was wollten Sie als Kind werden?

Ich wollte reiten und Hunde züchten. Mein Traum war es, mit vielen Hunden und Pferden auf dem Land zu wohnen. Mit unserem Gestüt in der Steiermark mit rund 250 Pferden und der Leitung der Spanischen Hofreitschule konnte ich mir einen grossen Teil meines Traums erfüllen.

Wie haben Sie Ihre Karriere geplant?

Meine Karriere habe ich nicht geplant. Ich habe einfach immer das gemacht, was notwendig war. Nach meinem Studium habe ich bei meinem Vater gearbeitet und ihn bei Lindt & Sprüngli in Österreich vertreten. Nach meiner Hochzeit, ich war damals 23 Jahre alt, habe ich bis zur Scheidung von meinem damaligen Mann im Hotel Sacher gearbeitet. Anschliessend kehrte ich zurück in das Geschäft meines Vaters und vertrieb in Österreich Schweizer Produkte wie Kambly, Wernli, Olo Marzipan und Hero Marmelade. Das habe ich bis zum Tod meines Ex-Mannes im Jahre 1990 gemacht. Er verfügte, dass ich die Sacher Hotels führen soll, was ich seither auch mache. In dieser Funktion hat man mir wiederum andere Funktionen angeboten. Das war alles nicht geplant.

Synergien nutzen bedeutet, die weiblichen und männlichen Stärken zu kennen und die Vorzüge gezielt einzusetzen. Welches sind aus Ihrer Sicht Stärken und Schwächen von Mann und Frau?

Ich glaube nicht, dass die Stärken und Schwächen so geschlechterspezifisch getrennt werden können. Viele Frauen haben typische männliche Stärken und umgekehrt. Jeder hat seine Stärken und Schwächen entsprechend seines Typs und der Erziehung. Vielleicht stehen Frauen weniger unter Erfolgsdruck als Männer und vergeben sich nicht so rasch etwas. Ich denke, sie können deswegen Niederlagen besser einstecken. Ich bin auch davon überzeugt, dass Frauen detaillierter und ausdauernder, ja sogar etwas zäher sind als Männer.

Können Sie mir ein Beispiel nennen, wie Sie Ihre Mitarbeiterinnen und Mitarbeiter gezielt einsetzen?

Ich persönlich arbeite sehr gerne mit Frauen. Hier im Hotel gibt es aber gewisse Funktionen und Positionen, die männlich besetzt sein sollen, beispielsweise der Chefconcierge, der einen Stresemann anhaben soll, welcher einer Frau nicht ganz so gut sitzt. Auch im Maschinenraum möchte ich lieber einen Mann als Cheftechniker. Ansonsten gibt es für mich keine Stellen, die eher für Männer gedacht sind. Das Housekeeping ist mehrheitlich durch Frauen besetzt, obwohl wir auch hier schon einen Housekeeper hatten. In Salzburg haben wir eine Hoteldirektorin und für die Funktion des Controllers kann ich mir sowohl eine Frau wie auch einen Mann vorstellen. Ich wähle für zu besetzende Stellen die beste Person aus, aber wenn ich wählen kann, dann habe ich lieber eine Frau.

Haben Sie abschliessend einen Karrieretipp für Frauen?

Neugierig sein, Interesse haben und anstelle von »Es ist mir zu viel« sollte man lieber »Ich kann das« zu sich selber sagen. Der Mensch ist nämlich sehr leistungsfähig. Frauen, die immer jammern, kommen nicht weiter. Es braucht im Geschäftsleben eine gewisse Härte und viel Energie, um an die Spitze zu kommen.

ANDRÉ BLATTMANN 127

André Blattmann, 1956
Drei-Sterne-General, Chef der Armee, Korpskommandant

Mein Motto:
»Heimat ist dort, wo man keine Angst haben muss.«
Willi Ritschard

LEBENSLAUF
André Blattmann wurde in Richterswil geboren, machte eine Lehre als kaufmännischer Angestellter und bildete sich zum Betriebsökonom HWV weiter. 2003 absolvierte er eine Executive MBA-Ausbildung an der Universität Zürich. 1984 wurde er in das Instruktionskorps der Flieger- und Flabtruppen aufgenommen und als Einheitsinstruktor in Rekrutenschulen der Fliegerabwehr eingesetzt. Anfang 2001 wurde er zum Stabschef Feldarmeekorps 4 ernannt mit gleichzeitiger Beförderung zum Brigadier und im Jahr 2002 besuchte er den Senior International Defense Management Course in Monterey, USA. Von 2004 bis 2005 war Blattmann Kommandant der Zentralschule, die zur Höheren Kaderausbildung der Armee gehört. Ab 2006 arbeitete er als Zugeteilter Höherer Stabsoffizier (ZSO) des Chefs der Armee. Per 1. Januar 2008 wurde er zum Divisionär befördert und trat seine Funktion als Stellvertreter Chef der Armee an. Seit 2009 ist Blattmann Chef der Armee und in dieser Funktion Korpskommandant. Er ist verheiratet und lebt am Murtensee.

Was fällt Ihnen spontan zum Thema Frauenkarriere und Männerkarriere ein?

Ich bin in einem Gasthaus aufgewachsen, in welchem meine Mutter Wirtin und Küchenchefin war. Das empfand ich schon damals als völlig problemlos. Nach meiner Ausbildung habe ich bei der Schweizerischen Bankgesellschaft (SBG) in Genf gearbeitet und meine Vorgesetzte war eine Frau. So startete ich meine Karriere also bei einer Chefin, die sehr initiativ und fordernd war und an die ich mich gerne erinnere. Bei dem, was ich erlebt habe, sehe ich keinen Unterschied zwischen Frauen- und Männerkarrieren.

Gab es in Ihrer Laufbahn auch Rückschläge oder Schlüsselerlebnisse?

Für mich sind Schlüsselerlebnisse meist Schlüsselpersonen. Beispielsweise Hugo Rüegg, mein Leutnant während meiner Zeit als Rekrut, mein damaliger Instruktor René Christen oder auch Divisionskommandant Ulrico Hess. Sie waren meine Leuchttürme und Vorbilder. Eines meiner Schlüsselerlebnisse war, dass ich vor 20 Jahren meinem damaligen Vorgesetzten mitteilte, dass ich Personalchef werden möchte, und ich später bei meiner Beförderung zum Brigadier noch immer keine Antwort auf meine Anfrage erhalten hatte. Das war etwas, was mich wirklich störte – der Umgang oder eben Nicht-Umgang mit den Mitarbeitenden in der Armee. Dies zeigte mir, dass wir oftmals nicht ernst genommen wurden. Aufgrund meiner Herkunft – ich habe die HWV besucht und bin Ausbildner – wäre es durchaus eine sinnvolle Variante gewesen, mich im Bereich Human Resources (HR) einzusetzen. Später hatte ich dann eine Funktion, die es mir erlaubte, im HR mitzuarbeiten und einen Beitrag zur Verbesserung zu leisten. Natürlich ist auch sonst nicht immer alles nur gut gelaufen. Ich wurde beispielsweise für längere Zeit nach England abkommandiert und der Einsatz wurde später kurzfristig wieder abgesagt. Das sind dann schon eher unangenehme Situationen. Aber von richtigen Rückschlägen kann ich glücklicherweise nicht berichten.

Kommen Ihnen im beruflichen oder im privaten Umfeld trotz erfolgreicher Karriere manchmal Selbstzweifel?

Ja, Selbstzweifel kenne ich. Ich denke, das hat wohl jeder. Ich bin seit dreissig Jahren bei der Armee tätig und frage mich manchmal schon »Bin ich am passenden Ort?« oder »Mache ich es richtig?«. Bei der Suche nach Antworten hilft mir jeweils die Lagebeurteilung. Eine Methode, die man in der Armee lernt. Wer diese systematisch anwendet, kommt meistens auf eine brauchbare Antwort, die es dann nur noch umzusetzen gilt. Wer zweifelt, braucht vertraute Menschen. Unabhängig von der Hierarchiestufe, auf der man gerade steht. Wir brauchen Personen, mit denen wir uns austauschen und reflektieren können. Personen, die uns spiegeln und uns auch ehrlich ihre Meinung sagen. Nach einem Gespräch sieht ja meistens alles gar nicht mehr so schlimm aus.

Wie wissen Sie, dass das, was Sie machen, richtig ist?

Von der Richtigkeit meines Handelns bin ich überzeugt, weil ich auch vom Sinn meiner Arbeit überzeugt bin.

Haben Sie Ihre Karriere geplant?

Nein, ich habe sie nicht geplant. Ich komme aus einer völlig unmilitärischen Familie. Es haben zwar alle Militärdienst geleistet, aber niemand war Offizier. Ich bin neben dem Bahnhof in Wollerau aufgewachsenen und wollte Bahnhofsvorstand werden. Vielleicht war es die Uniform mit Hut, die mich reizte. Aber bekanntlich wurde ich nicht Bahnhofsvorstand, sondern Banker. Und ich war ein begeisterter Banker. Anschliessend ging ich ins Militär und absolvierte die HWV. Danach stellte ich mir die Frage, was ich nun tun sollte. Schliesslich entschied ich mich für eine Militärkarriere, denn hier hatte ich die optimalste Kombination von Führungsaufgabe und Ausbildung. Eigentlich ein sehr sachlicher Werdegang. Eine Karriere muss meines Erachtens auch nicht immer nur aufwärts gehen, sie kann auch seitwärts verlaufen. Das kann ebenfalls sehr spannend sein.

Konnten Sie sich vor zehn Jahren vorstellen, einmal Chef der Schweizer Armee zu sein?

Ich war Oberstleutnant und wusste nicht, dass ich einmal Brigadier werde. Und ich war Brigadier und wusste nicht, dass ich einmal Divisionär beziehungsweise Korpskommandant werde. Man kann es nicht planen – zum Glück nicht! Nein, ich konnte mir das vor zehn Jahren definitiv nicht vorstellen. Ich war damals Stabschef im Feldarmeekorps 4 als Brigadier. Das war ein toller Job in Zürich und ich hatte viele gute Kontakte. Anschliessend wechselte ich für zwei Jahre nach Luzern und dann – noch immer als Brigadier – nach Bern zum damaligen Chef der Armee, zu Korpskommandant Christophe Keckeis.

In Ihrer Position verfügen Sie bestimmt über ein grosses Netzwerk. Wo und wie bauen Sie dieses auf?

Gerade in meinem Bereich, dem Wirken zu Gunsten der Armee, ist das Netzwerk ganz entscheidend. Ein Netzwerk ist etwas Unerlässliches und jeder hat eines. Sei es in der Familie, im Beruf oder in der Partei. Ohne Netzwerk kommen wir gar nicht aus, denn der Mensch ist so konditioniert, dass er andere Menschen treffen will. Für mich bedeutet Netzwerken insbesondere, dass ich auf andere Menschen zugehe, um ihnen die Aufgabe der Armee zu erklären. Mein zentrales Ziel als Chef der Armee ist, genügend Nachwuchs im Kader zu haben. So wie andere in ihren Unternehmen Umsatz bringen müssen, so muss ich den passenden Nachwuchs finden, damit die Armee die nötige Sicherheit auch künftig gewährleisten kann. Das ist nur mit einem Netzwerk möglich und dieses muss ganz bewusst gepflegt werden. Mitglied eines Serviceclubs bin ich nicht, denn bei der grossen Auswahl könnte ich mich gar nicht für einen Club entscheiden. Aber ich halte in vielen Clubs Vorträge. Zudem bin ich in einer Partei, dies aber vor allem als Passivmitglied.

Ist dieses Netzwerk für die Karriere wichtig?

Für die Karriere bei der Armee, so denke ich, ist das Netzwerk nicht wichtig. Was zählt ist, dass die richtige Person am richtigen Ort ist.

Synergien nutzen bedeutet, die weiblichen und männlichen Stärken zu kennen und die Vorzüge gezielt einzusetzen. Welches sind aus Ihrer Sicht Stärken und Schwächen von Mann und Frau?

Gerade in der Armee machen wir in dieser Hinsicht kaum mehr einen Unterschied. Frauen im Militär sind höchst akzeptiert und respektiert. Heute machen Frauen den gleichen Dienst wie die

Männer. Vor allem für die jungen Männer ist es völlig normal, wenn ihnen eine Frau Leutnant vorsteht. Wenn eine Frau ihren Mann beziehungsweise ihre Frau steht, dann kommt es gut. Frauen wie Männer müssen Vorbilder sein, müssen akzeptiert sein, und das funktioniert nur über Arbeit und Verhalten. Eine Frau soll Frau blieben – auch bei der Armee – und bloss nicht Mann sein wollen. Dies empfinde ich als sehr wichtig. Als ich an der Zentralschule in Luzern Kommandant und zuständig für die Ausbildung der Leutnants war, hatten wir rund 1000 Personen, die diese Lehrgänge besuchten. Wenn es in einer Klasse unter 20 bis 25 jungen Männern eine Frau hatte, dann war das eine ganz andere Klasse. Die Männer verhielten sich anders und waren motivierter. Sie wollten auf keinen Fall schlechter sein als die Frau. Wenn diese in einem Kurs gut mitmachte, dann stieg ihre Akzeptanz und es entstand eine gute Rollenentwicklung.

Haben Sie abschliessend einen Karrieretipp für Frauen?

Sich selber bleiben und eine gewisse Bescheidenheit, Integrität und auch Loyalität behalten.
Für mich sind die folgenden drei V von Bedeutung: sich selber verbessern, Verantwortung wahrnehmen und dem Vertrauen gerecht werden. Aber ich denke, das sind Punkte, die gelten sowohl für Männer wie auch für Frauen. Am wichtigsten ist meiner Meinung nach, dass Frau Frau bleibt.

Christine Maier, 1965
Chefredaktorin SonntagsBlick

Mein Motto:
»Es muss das Herz bei jedem Lebensrufe bereit zum Abschied sein und Neubeginn.«
Rainer Maria Rilke

LEBENSLAUF
Christine Maier erlangte die Wirtschaftsmatura und begann ein Jurastudium, das sie aber abbrach. Mit 21 Jahren wurde sie Ansagerin beim Schweizer Fernsehen. Danach arbeitete sie sechs Jahre lang als Journalistin bei der Schweizer Illustrierten und moderierte gleichzeitig verschiedene Sendungen im Bereich Kultur und Unterhaltung beim Schweizer Fernsehen, beim Bayerischen Rundfunk, beim ZDF, bei ITV in England und bei RTL/Pro7. Ab 2001 moderierte sie 10 Jahre lang den »Club« beim Schweizer Fernsehen, davon fünf Jahre als Redaktionsleiterin, und zwei Jahre die Nachrichtensendung »10vor10«. Seit dem 1. November 2013 ist sie Chefredaktorin des SonntagsBlick. Christine Maier ist Mutter von zwei Kindern.

Was fällt Ihnen spontan zum Thema Frauenkarriere und Männerkarriere ein?

Für mich bedeutet Karriere, den beruflichen Weg ohne Barrieren aufgrund des Geschlechtes gehen zu können. Wer steht den Frauen im Weg? Das Umfeld? Der Kinderwunsch? Sie selber? Ich kann nur spekulieren. Ein Mann mit guter Ausbildung macht selbstverständlicher Karriere, weil das einfach üblich ist. Offenbar sind Frauenkarrieren noch immer nicht selbstverständlich, sonst würden wir dies nicht so häufig thematisieren. Vielleicht reden wir Frauen zu oft darüber, was alles nicht geht oder schwierig ist, statt zu handeln. Vielleicht trauen sich manche selber auch zu wenig zu oder es wird ihnen zu wenig zugetraut, weil sie als zu emotional und zu wenig belastbar empfunden werden. Was natürlich Quatsch ist. Ich habe immer gearbeitet, mir mein Leben selbst finanziert, seit ich 18 war. Als meine Kinder noch klein waren, habe ich mir bei meinen Jobs

Fragen gestellt wie »Passt das zu meiner Familie?«, »Was bedeutet das für die Kinder?« oder »Wie sieht es mit meinen Ressourcen aus?« Das sind klassische Fragen, die sich jeder Frau mit Job und Familie stellen. Wenn ich in Interviews von Karrieremännern wissen möchte, wie sie Job und Kinder unter einen Hut bringen, schauen sie mich an, als würde ich fragen, wann sie das nächste Mal auf den Mars fliegen. Es ist klar: die Kinderbetreuung, der Haushalt sind immer noch vorwiegend Sache der Frau. Bei jungen Paaren hingegen stelle ich fest, dass da mehr diskutiert wird als früher. Das ist der richtige Weg in die richtige Richtung. Als meine Kinder noch klein waren, habe ich meist projektbezogen gearbeitet. Oft von zu Hause aus. Das war ein Vorteil. Eine berufstätige Mutter trägt nicht einen, sondern mehrere Hüte, die sie ständig wechselt. Mal ist sie Mutter, mal Partnerin, mal Berufsfrau. Das ist ziemlich anstrengend. Natürlich hätte ich die Kindererziehung einer Nanny überlassen können. Das wollte ich aber nicht. Grundsätzlich ist alles möglich, wenn man wirklich will. Das sage ich auch meiner heute 19-jährigen Tochter. Meines Erachtens sollte »Frau« immer einen Fuss im Berufsleben behalten.

Gab es in Ihrer Laufbahn auch Rückschläge oder Schlüsselerlebnisse?

Ja klar! Beispielsweise wurden Sendungen eingestellt, die ich moderierte. Oder nach meiner Rückkehr aus Amerika, wo ich eineinhalb Jahre mit meinem damaligen Mann und den Kindern auf Zirkustournee war, fand ich nicht gleich wieder einen Job. So habe ich halt als Textchefin bei einer Fernsehzeitschrift gearbeitet und mir oft sagen lassen, dass dies ja ein schrecklicher Rückschritt sei, da ich vorher beim ZDF moderierte. Man hat mir das Ende meiner Fernsehkarriere prognostiziert.

Wie sind Sie damit umgegangen?

Ich hatte keine Wahl, weil ich damals für die Familie aufgekommen bin. Also habe ich das als Teil meines Lebensweges angeschaut, den ich zu gehen hatte. Ich war mir nie zu schade für eine

Arbeit. Ein Buddhistischer Mönch sagte mir einmal: »Du musst dich im Leben immer wieder zum Novizen machen.« Ich glaube fest daran, dass mir im privaten wie auch beruflichen Leben Aufgaben gestellt werden, die ich zu erfüllen habe. Vielleicht macht es mir diese etwas spirituelle Haltung leichter, mit Schlüsselerlebnissen, auch negativen, umzugehen. Dennoch fühlte ich mich schon immer privilegiert. Vieles im Business ist mir in den Schoss gefallen. Das reicht dann natürlich nicht. Es braucht Fleiss, Ehrgeiz, Durchhaltewille, um weiterzugehen. Ich wurde oft hart kritisiert, hatte auch – vor allem zu Beginn des »Zischtigsclubs« – ans Aufgeben gedacht. Ich habe mich dann entschieden durchzubeissen, an mir zu arbeiten, besser zu werden. Man muss auch mal etwas aushalten können.

Kommen Ihnen im beruflichen oder im privaten Umfeld trotz erfolgreicher Karriere manchmal Selbstzweifel?

Ich denke, ich wirke selbstsicherer als ich bin. Ich bin mit 21 ins Fernsehen gekommen, habe schnell gemerkt, dass man nicht alle Schwächen, Ängste und Sorgen preisgeben darf. Sonst beginnen die Geier zu kreisen. Meine Liebsten kennen mich aber gut, dort kann ich mich auch mal fallenlassen. Eine Weile habe ich sogar mit einem Coach gearbeitet, weil mir negative Reaktionen auf Sendungen den Schlaf geraubt haben. Ich sah nur noch das schlechte Feedback, das positive habe ich ausgeblendet. Ich war damals sehr hart zu mir. Der Coach sagte: »Entweder es gelingt Ihnen, die negativen Reaktionen genau gleich zu werten wie die positiven. Und umgekehrt. Oder Sie müssen Ihre Berufswahl überdenken.« Das hat mir geholfen.

Wie wissen Sie, dass das, was Sie machen, richtig ist?

Ich weiss es nicht. Es fühlt sich richtig an. Wäre das anders, würde ich nicht an einem Job festhalten. Ich habe gelernt, dass man Fehler machen darf und Risiken eingehen muss. Das macht alles auch viel spannender. Ich höre auf meinen Bauch. Mein Herz. Der grösste Indikator ist der Schlaf. Wenn ich nachts ständig aufwache, ändere ich die Richtung in meinem Leben. Das habe ich immer wieder getan.

Welchen Berufswunsch hatten Sie als Kind oder Jugendliche?

Ich wollte alles Mögliche werden. Mal Lehrerin, dann Anwältin, dann Journalistin. Ja, und das bin ich dann auch geworden.

Konnten Sie sich vor zehn Jahren vorstellen, einmal Chefredaktorin des SonntagsBlicks zu sein?

Nein, das konnte ich mir nicht vorstellen. Ich habe meine Karriere auch nicht geplant. Als ich mit 21 Jahren als Ansagerin zum Fernsehen kam, habe ich etwas Interessantes erlebt. Die Öffentlichkeit sagte: »Wow, wie nett, wie spannend«. Die Journalisten hingegen haben mich nicht ernst genommen. Dennoch habe ich mir mit diesem Ansagejob mein Studium finanziert, mit dem Ziel, eine ganz tolle Journalistin zu werden. Lustig ist, dass man mir damals vor allem im Fernsehen ständig erklärte, es sei praktisch unmöglich, als Ansagerin mal Journalistin zu werden, erst recht nicht im Bereich der seriösen Information. Ich habe das unaufgeregt zur Kenntnis genommen. Ich habe dann eine Kindersendung moderiert, gleichzeitig für die Schweizer Illustrierte gearbeitet und ständig neue Angebote von TV-Stationen bekommen. Vom Bayerischen Rundfunk, dem ZDF und von ITV in England. Der Schritt von der Kultur und Unterhaltung hin zur Information war dann ziemlich harzig. Ich hatte mich mal kurz für »10vor10« interessiert, hatte aber keine Chance, schliesslich hatte ich zuvor Unterhaltungssendungen moderiert. Das war für mich ok. Wie gesagt, ich dachte, wenn etwas nicht ist, dann soll es nicht sein. So what! Etwas später hat mich RTL/Pro7 angefragt, die Nachrichten zu moderieren. Das hab ich dann gemacht und so stand eines Tages auch das Schweizer Fernsehen wieder vor der Tür. Filippo Leutenegger und Ueli Heiniger mussten mich dann allerdings förmlich überreden, den »Club« zu moderieren. Ich hatte grossen Respekt vor diesem Format. Den »Club« habe ich zehn Jahre lang moderiert, fünf davon war ich die

Redaktionsleiterin. Noch nie zuvor war ich so lange im gleichen Job. Heute bin ich beim SonntagsBlick – ein weiterer spannender Schritt hin zu noch mehr Verantwortung.

In Ihrer Position verfügen Sie bestimmt über ein grosses Netzwerk. Wo und wie bauen Sie dieses auf?

Als Medienschaffende, vor allem in der Funktion als Moderatorin des Clubs, ist der Netzwerkaufbau nicht schwierig. Gerade bei Wirtschaftsforen wie beispielsweise dem Swiss Economic Forum lernt man viele interessante Menschen in Schlüsselpositionen kennen. Serviceclubs sind nicht so mein Ding. Meine beiden Kinder sind inzwischen zwar erwachsen, leben aber noch zu Hause. Ich möchte so viel Zeit wie möglich mit ihnen verbringen.

Ist ein Netzwerk für die Karriere wichtig?

Es ist sicher wichtig, um sich auszutauschen. Frauen können da von Männern lernen.

Synergien nutzen bedeutet, die weiblichen und männlichen Stärken zu kennen und die Vorzüge gezielt einzusetzen. Welches sind aus Ihrer Sicht Stärken und Schwächen von Mann und Frau?

Männer sind einfach anders als Frauen. Männer erlebe ich oft als direkter und zielstrebiger. Karrierebewusster. Von Männern habe ich für den »Club« selten eine Absage erhalten, von Frauen jedoch regelmässig. Einige Männer haben sogar zugesagt, bevor sie wussten, worüber diskutiert werden würde. Das fand ich schon sehr interessant. Ich glaube, Frauen haben mehr Respekt davor, sich zu exponieren. Manchmal habe ich den Eindruck, sie arbeiten lieber im Team, hören besser zu, entscheiden auch gerne nach längeren Diskussionen. Ich habe immer gerne mit Frauen zusammengearbeitet, weil sie so pragmatisch sind und eher ans Ganze denken. Gerade jetzt beim SonntagsBlick möchte ich mehr Frauen im Team habe. Allein schon die Themendiskussion verläuft in gemischten Teams anders. Wichtig finde ich, dass sich Mann und Frau mit Respekt begegnen.

Haben Sie abschliessend einen Karrieretipp für Frauen?

Mutig sein, den Humor nicht vergessen und nicht den Eindruck haben, es gäbe nur einen Weg. Es lohnt sich nicht, immer wieder in die gleiche Mauer zu rennen. Es kann sich lohnen, aussen herum zu gehen.

Dr. Nikolas Stihl, 1960
Vorsitzender des Beirats der STIHL Holding AG & Co. KG
Vorsitzender des Aufsichtsrats der STIHL AG

Mein Motto:

»Effective executives do first things first –
and second things not at all.«
Peter Drucker

LEBENSLAUF

Nikolas Stihl ist in Ludwigsburg geboren, hat an der Technischen Universität in Stuttgart als Diplom-Ingenieur abgeschlossen und an der Fakultät für Maschinenbau und Verfahrenstechnik der Technischen Universität Chemnitz promoviert. Dr. Stihl arbeitete bei der Mercedes-Benz AG in Stuttgart, wo er an der Entwicklung eines 12-Zylinder-Motors beteiligt war. Weiter war er als Unternehmensberater bei der deutschen Niederlassung von Arthur D. Little in München tätig. 1992 trat er in die STIHL Unternehmensgruppe ein, zuerst als Produktmanager des Motorsägengeschäfts in Virginia Beach (USA), anschliessend als Geschäftsführer der VIKING GmbH in Langkampfen (Österreich). Seit 2012 ist Dr. Stihl Beiratsvorsitzender der STIHL Holding AG & Co. KG und Aufsichtsratsvorsitzender der STIHL AG in Waiblingen. Von 2002 bis 2006 war er Präsident der European Garden Machinery Industry Federation (EGMF) in Brüssel und seit 2012 ist er Mitglied im Vorstand der Handelskammer Deutschland-Schweiz in Zürich. Ebenfalls 2012 wurde er für sein erfolgreiches Wirken als Geschäftsführer von VIKING mit dem Tiroler Adler Orden in Gold ausgezeichnet. Nikolas Stihl ist verheiratet und Vater von zwei Kindern.

Was fällt Ihnen spontan zum Thema Frauenkarriere und Männerkarriere ein?

Ich denke, dass es Frauen schwieriger haben. Es ist halt biologisch so, dass Frauen Kinder kriegen und diese Zeit fehlt ihnen dann in der Karriere. Möglicherweise ist es für eine Mutter emotional auch schwieriger, wenige Wochen nach der Geburt des Kindes wieder zur Arbeit zu gehen. Das Ganze wird zusätzlich erschwert, wenn kein entsprechendes Umfeld zur umfassenden Kinderbetreuung da ist. Ein langes Fernbleiben in der oberen Führungsebene ist fast nicht machbar. Ein Mann hat es da wirklich einfacher.

Gab es in Ihrer Laufbahn auch Rückschläge oder Schlüsselerlebnisse?

Rückschläge gab es in meiner Laufbahn glücklicherweise nicht. Natürlich stand ich schon vor der einen oder anderen Schwierigkeit in meinem Leben. Ich musste beispielsweise einmal eine Prüfung wiederholen. Aber das nenne ich keinen Rückschlag. Insofern darf ich sagen, dass meine Karriere glücklich verlaufen ist. Prägende Schlüsselerlebnisse gab es jedoch einige. Zum Beispiel die Erkenntnis, dass sich erst ungeliebte Studienfächer mit der Zeit als hoch interessant herausgestellt haben. Oder meinen Wechsel vom eigentlich erlernten Beruf Ingenieur in die Beratung. Die Anforderungen, die bei dieser Aufgabe an mich gestellt wurden, waren für meine spätere Karriere sehr wertvoll und haben mich vorwärts gebracht. Auch der Wechsel von einer wirtschaftlich hervorragend funktionierenden Firma an die Spitze einer Gesellschaft, der es finanziell schlecht ging, war sehr fordernd. Wir haben konzernintern die Regel, dass eine Firma in kurzer Zeit die Selbstfinanzierung erreichen soll. Die ersten Jahre waren deshalb nicht einfach und diese Zeit hat mich stark geprägt. Noch heute achte ich sehr genau darauf, wie effizient die vorhandenen Mittel eingesetzt werden und was wirklich nötig ist. Auch wenn wir uns heute Extravaganzen leisten könnten.

Man sagt, Männer treten selbstsicherer auf als Frauen. Was denken Sie darüber?

Das sehe ich schon auch so. Aber nur der Dumme hat keine Selbstzweifel, weil er seine Grenzen nicht kennt. Jeder, der ein bisschen Ahnung hat, weiss, dass er nicht alles kann und die persönliche Wirksamkeit begrenzt ist. Es ist schlicht und einfach nicht möglich, in jedem Feld kompetent zu sein. Trotzdem wird dies in der obersten Managementebene oder auch in der Politik vorausgesetzt. Aber sobald die Anforderungen sehr komplex werden, muss sich ein Manager auf seine kompetenten Mitarbeitenden verlassen können. Und nach aussen so auftreten, als ob er das alles selber kann. Das setzt mit Sicherheit ein gehöriges Mass an schauspielerischer Kunst voraus.

Kommen Ihnen im beruflichen oder im privaten Umfeld trotz erfolgreicher Karriere manchmal Selbstzweifel?

Selbstzweifel kenne ich natürlich auch. Entscheidend ist jedoch, dies das Gegenüber nicht spüren zu lassen (schmunzelt). Meine Selbstzweifel helfen mir, mich immer wieder zu hinterfragen, ob ich auf dem richtigen Weg bin. So kann ich rechtzeitig Kurskorrekturen anbringen. Es ist mir auch wichtig, meine Ziele schriftlich festzuhalten. So kann ich zu einem späteren Zeitpunkt beurteilen, ob das Ergebnis mit dem übereinstimmt, was ich mir einmal vorgenommen habe.

Wie wissen Sie, dass das, was Sie machen, richtig ist?

Wenn das Ergebnis stimmt. Letztendlich weiss ich im entsprechenden Moment nicht, ob ich die optimale Herangehensweise gewählt habe. Das erkenne ich erst, wenn ich das Resultat sehe. Wenn ich meinem vorgenommenen Ergebnis relativ nahe bin, dann weiss ich, dass ich gut genug bin. Zerstörerische Selbstzweifel entstehen oft, weil man meint, perfekt sein zu müssen. Sobald man zur Erkenntnis gelangt ist, dass gut genug fast in hundert Prozent der Fälle reicht und dass Perfektion nicht wirklich verlangt ist, dann kann man mit sich selber auch wesentlich leichter im Reinen sein.

In Ihrer Position verfügen Sie bestimmt über ein grosses Netzwerk. Wie wichtig ist dies für Ihre Karriere?

Ich hatte das Glück, dass meine Karriere ohne »Old-Boys-Netzwerke« möglich war. Ich habe auch keinen Bedarf an all diesen sozialen Netzwerken wie LinkedIn oder Facebook. Das braucht zu viel Zeit.

Wo und wie bauen Sie Ihr Netzwerk auf?

Ich bin in keine Serviceclubs oder sonstige Netzwerke eingebunden. Mein Netzwerk habe ich mir im Laufe der Jahre aufgebaut. Ich lerne Leute kennen, halte den persönlichen Kontakt und pflege die Netzwerke, die für den Firmenerfolg wichtig sind. Ich schreibe beispielsweise ein paar persönliche Zeilen zum Geburtstag. Es braucht keine grossen Geschenke. Wichtig ist, dass man daran denkt. Ein Glück ist natürlich, wenn man über ein leistungsfähiges Sekretariat verfügt, das einen tatkräftig unterstützt. Das Entscheidende bei einem Netzwerk ist, keine Gegenleistung oder andere Erwartungen zu haben. Wenn ich die Möglichkeit habe, jemandem einen Gefallen zu tun, dann tue ich das, ohne dafür eine Gegenleistung zu erwarten.

Was wollten Sie als Kind werden?

Ich wollte schon als kleiner Junge Ingenieur werden. Mein Vater lebte mir das vor, was ich selber faszinierend fand. Für mich war auch immer klar, dass ich einmal ins Familienunternehmen einsteigen will. Ich hatte schon während der Schulzeit die Möglichkeit, mich mit Mitarbeitenden aus dem Unternehmen auszutauschen. Und so war für mich mein beruflicher Weg klar.

Wie haben Sie Ihre Karriere geplant?

Geplant habe ich sie nicht wirklich. Ich habe die Schule abgeschlossen und nach dem Studium angefangen, als Ingenieur zu arbeiten. Danach habe ich mit meinem Vater besprochen, was ich tun könnte, um meinen Horizont zu erweitern. So bin ich bei einer Unternehmensberatung in München eingestiegen, wo ich sehr viel gelernt habe. Später bin ich ins eigene Unternehmen eingetreten. Ab da ist die Karriere etwas aus dem Ruder gelaufen. Ich arbeitete als Produktmanager, zuerst in Deutschland und dann in den USA. Dann haben wir die Firma Viking gekauft und ich war von einem Tag auf den anderen Geschäftsführer. Da bin ich sozusagen ins kalte Wasser geworfen worden. Aber rückblickend war das eine ganz tolle Zeit. Ich habe mehr oder weniger ein eigenes Unternehmen gehabt und war mein eigener Herr. Ich konnte auf meine Art und Weise sehr unternehmerisch arbeiten und habe mein Managementhandwerk von der Pike auf gelernt. Es waren 18 tolle Jahre, welche die Grundlage von dem bilden, was ich heute mache.

Synergien nutzen bedeutet, die weiblichen und männlichen Stärken zu kennen und die Vorzüge gezielt einzusetzen. Welches sind aus Ihrer Sicht Stärken und Schwächen von Mann und Frau?

Generell findet man bei den Frauen wohl eher die Soft-Skills und bei den Männern die Hard-Skills. Männer sind üblicherweise analytisch besser und kommen schneller auf den Punkt. Frauen dagegen sehen das ganze Bild. Ganz platt und klischeehaft ausgedrückt: Wenn ich einen Baum untersuchen will, beauftrage ich einen Mann. Wenn ich wissen will, wie es im Wald aussieht, eine Frau. Natürlich gibt es auch Männer, die diese Fähigkeit mitbringen und Frauen, die sehr analytisch unterwegs sind. Etwas unterscheidet uns Männer meiner Meinung nach aber wirklich von den Frauen: Wir sind nicht so sehr abhängig vom Urteil anderer. Ein Mann kann sich selber eher loben und sagen: »So wie ich es gemacht habe, ist es gut.«

Können Sie ein Beispiel nennen, wie Sie diese Stärken und Schwächen im Unternehmen gezielt einsetzen?

Wenn ich eine neue Stelle besetze, dann schaue ich nur auf die Kompetenzen und nicht auf das Geschlecht. Damit bin ich immer sehr gut gefahren. Ich habe beispielsweise eine Geschäftsführerin einer Vertriebsgesellschaft, eine Marketingleiterin und eine Abteilungsleiterin im Personalwesen eingestellt. Und dies nur aufgrund deren Kompetenzen. Ich denke, es ist ein Fehler, Geschlecht oder Herkunft in eine solche Entscheidung einfliessen zu lassen. Kompetenzen und Persönlichkeit sind wichtig und müssen auf die Stelle zugeschnitten sein. Auch die Quote ist ein grosser Fehler. Man tut den Frauen damit keinen Gefallen und den Unternehmungen auch nicht. Auch die Frauen tun sich selber keinen Gefallen, wenn sie glauben, über die Quote mehr Gerechtigkeit zu erlangen. Wer will schon eine Quotenfrau sein? Wir müssen uns im Unternehmen zum Glück nicht an Proporzregelungen halten und auch so haben wir mittlerweile mehr weibliche Führungskräfte. Die Situation an den Universitäten sieht heute ebenfalls anders aus. Als ich studierte, waren unter den 500 studierenden Ingenieuren gerade einmal fünf

Frauen. Heute ist die Anzahl der Ingenieurinnen deutlich gestiegen und so arbeiten in unserem Unternehmen auch deutlich mehr sehr fähige Ingenieurinnen, auch im Bereich Projektmanagement. Dass diese Frauen eine höhere Managementposition erreichen, ist nur noch eine Frage der Zeit. Bei uns steht die erste grössere Beförderung kurz bevor.

Haben Sie abschliessend einen Karrieretipp für Frauen?

Ich gebe den Frauen den gleichen Tipp wie den Männern: Den eigenen Stärken folgen und das tun, worin man wirklich stark ist. Damit kann man mit wenig Anstrengung viel erreichen.

Brigitta Schoch Dettweiler, 1947
Erste Schweizerische Generalkonsulin

Mein Motto:
»Aus den Steinen, die dir in den Weg gelegt werden, kannst du Wunderbares bauen«
frei nach Erich Kästner

LEBENSLAUF
Brigitta Schoch Dettweiler wurde – wie sie es selber nennt – in »konservativliberalem Milieu der Ostschweiz« als Tochter eines Appenzellers und einer Österreicherin geboren und früh von Fernweh erfasst. Nach der Maturität in St. Gallen und zwei Semestern an der »Sorbonne« in Paris trat sie in den konsularischen Dienst des Eidgenössischen Departements für auswärtige Angelegenheiten (EDA) ein, mit dem Ziel, einige Zeit im Ausland zu verbringen. Daraus wurden 40 Jahre. Schoch Dettweiler wurde in Lissabon, Rio de Janeiro, Brasilia, Havanna, Islamabad, Tripoli, Teheran, Moskau, Dakar, Kinshasa, Paris, Oslo, Bern (Unesco-Kommission) und Los Angeles eingesetzt. Als Generalkonsulin war sie ab 1996 in Genua, ab 2001 in Hamburg und ab 2005 in Los Angeles tätig. Sie ist seit 2003 mit dem deutschen, mittlerweile auch schweizerischen Staatsangehörigen Klaus D. Dettweiler Schoch verheiratet. Seit ihrer Pensionierung im Jahr 2009 leben sie gemeinsam mit ihrer Entlebucher Hündin »Trüffel« in Niederhelfenschwil (SG).

Was fällt Ihnen spontan zum Thema Frauenkarriere und Männerkarriere ein?

Meine Karriere begann 1968. Das war eine Zeit, in der das Berufsbild fast ausschliesslich männlich geprägt war. Erst einige Jahre nach der Verankerung des Gleichberechtigungsartikels in der Bundesverfassung (1981) durften Frauen im EDA heiraten. Im Gegensatz dazu gab es für Männer praktisch keine Einschränkungen. Die Entscheidung zwischen Ehe oder Beruf war für mich daher zwingend. Als junges Mädchen schien mir das nicht richtig, aber auch nicht sonderlich absurd. Schliesslich beabsichtigte ich nicht, aus meinem Beruf ein Lebenswerk zu machen. Das Bewusstsein der Ungerechtigkeit wuchs zwar mit jedem Jahr, aber aktive Kampfansage war nie mein Ding.

Gab es in Ihrer Laufbahn auch Rückschläge oder Schlüsselerlebnisse?

Oh ja, und wie! Davon gab es einige. Mein erstes Schlüsselerlebnis war anlässlich der Aufnahmeprüfung zum konsularischen Dienst. Da versuchte man, mich von einer Sekretariatskarriere zu überzeugen. Aber Widerstände haben mich von jeher angestachelt. Das Angebot der Sekretariatskarriere lehnte ich lachend ab. Während der Lehrjahre erlebte ich bei manchen Vorgesetzten Ablehnung und Ungerechtigkeit, gleichzeitig aber auch Unterstützung und Leistungsanerkennung von anderen Chefs. Zu hohen, ausländischen Beamten hatte ich trotz meines jungen Alters meistens erstaunlich leichten Zugang. Insgesamt kamen die Anfeindungen mehrheitlich aus meinem internen Umfeld und viel weniger von meinen ausländischen Partnern. Ein weiteres Schlüsselerlebnis passierte während meines Einsatzes in Pakistan, als die Schweiz indische Interessen vertrat. Ich wurde nach einiger Zeit Chefin der indischen Interessenabteilung der schweizerischen Botschaft in Islamabad, kannte aber meine Aufgaben im Vorfeld kaum. Die Anfangsschwierigkeiten waren dermassen gross, dass ich nach kurzer Zeit in Bern um eine Versetzung ersuchte. Mein damaliger Personalchef, Kary Hunziker, war ausgesprochen verständnisvoll. Der Einsatz einer Frau in dieser Position in Islamabad sei nur ein Versuch gewesen und er käme meinem Versetzungswunsch gerne nach, sagte er. Das liess mich aufhorchen. Aufgeben in einer schwierigen Situation kannte ich nicht und so reiste ich zurück, fest dazu entschlossen, die Hindernisse wegzuräumen. Mein Aufenthalt in Islamabad war sehr bereichernd und einer meiner schönsten Einsätze. Er dauerte schliesslich knapp fünf Jahre. Noch heute bin ich Kary Hunziker für seine menschliche Reaktion zutiefst dankbar.

Wie sind Sie über diese Rückschläge hinweggekommen?

Ich habe an mich selber geglaubt und weiss, dass nichts endgültig ist. Ich sah diese Erlebnisse als Steine, die mir in den Weg gelegt wurden, und mit denen ich umgehen musste. Manchmal fand ich es sogar amüsant. Ich habe mich nie entmutigen lassen, auch wenn es Momente der Trauer, der Sehnsucht und der Verzweiflung gab. Aber das alles hat mich auch zu dem gemacht, was ich heute bin.

Man sagt, Männer treten selbstsicherer auf als Frauen. Was denken Sie darüber?

Grundsätzlich habe ich Männer, die in ihrem Auftreten oft unglaublich selbstsicher sind, immer bewundert. Mir war aber auch bewusst, dass diese Selbstsicherheit nicht unbedingt aus dem Innersten kam. Ich selber bin eine überzeugte Vertreterin von Selbstzweifeln, solange sie nicht zerstörerisch oder lähmend sind. Selbstzweifel – oder vielleicht eher Selbstbefragungen – sind notwendig, weil die Erfolgsrate von Entscheidungen meist nicht voraussehbar ist. Es ist wichtig im Leben eines Menschen, dass man sich hinterfragt und versucht, aus diesen Selbstzweifeln zu lernen. Dies war für mich persönlich immer eine wichtige Voraussetzung im Leben, um einen Schritt weiterzukommen.

Kommen Ihnen im beruflichen oder im privaten Umfeld trotz erfolgreicher Karriere manchmal Selbstzweifel?

Selbstsicherheit wurde mir nicht in die Wiege gelegt, aber sie stieg mit der Erfahrung.

Und wie wissen Sie, dass das, was Sie machen, richtig ist?

Ich bin mir nie hundertprozentig sicher, ob das, was ich tue, wirklich richtig ist. Und das ist meine Stärke. Ich weiss, dass es nicht nur eine einzige Wahrheit gibt. Es gibt Wegkreuzungen, die Entscheidungen abverlangen, welche oft unwiderruflich sind. Ich habe gelernt, damit zu leben und vorwärts zu schauen. Meine Entscheidungen habe ich nie bereut. Ich bin meinen Weg konsequent gegangen.

Welchen Berufswunsch hatten Sie als Kind oder Jugendliche?

Ich hatte damals keine Ahnung, was ich werden wollte, dafür den etwas undifferenzierten Wunsch, die Welt kennen zu lernen. Meine Eltern waren lebenslustige und weltoffene Menschen und machten mit uns Kindern ab und zu einen Ausflug zum Flughafen in Zürich. Da hörte ich dann zum Beispiel die Worte »Abflug nach Wien« aus dem Lautsprecher. Diese Besuche waren für mich Schlüsselerlebnisse, weil mich die Welt zu rufen schien.

Wie haben Sie Ihre Karriere geplant?

Meine Karriere habe ich nicht geplant. Mein Ziel war es einfach, in die grosse weite Welt zu ziehen. Das Karrieredenken kam erst mit der Zeit, als ich meine Begabungen und Fähigkeiten besser kannte und entdeckte, dass ich diese in einer Chefposition durchaus sinnvoll einsetzen kann. Ich hatte viel Glück und wurde stark gefördert, vor allem von männlichen Kollegen, da in meinen ersten 20 bis 30 Berufsjahren hauptsächlich Männer dominierten.

Konnten Sie sich einmal vorstellen, einmal die erste Generalkonsulin der Schweiz zu sein?

Nein, das ahnte ich nicht. Ich nahm aber die Herausforderung nach meiner üblichen Selbstbefragung mit grosser Freude und Dankbarkeit an. Der damalige oberste Personalchef, Thomas Borer, erkannte die Zeichen der Zeit und setzte meine Ernennung zur Generalkonsulin durch. Für diese Weitsicht gebührt ihm Ehre. Ich bin mit Begeisterung an meine Aufgabe herangegangen, aber ich musste lernen, dass eine Chefin völlig anders wahrgenommen wird als eine Arbeitskollegin. Dadurch begann ein grosser Lernprozess. Ich musste feststellen, dass der kooperative Führungsstil, den man eher den Frauen zuordnet, nicht für jede Situation geeignet war und dass man manchmal einfach durchgreifen muss. Dieses Ausbalancieren zwischen der Kooperation, die Mitarbeitenden also einbeziehen, und Entscheidungen alleine treffen, hat mich viel gelehrt. Insbesondere lernte ich, dass man es nie allen recht machen und von allen geliebt werden kann.

In Ihrer Position verfügen Sie bestimmt über ein grosses Netzwerk. Wo und wie bauen Sie dieses auf?

Ich bin Rotarierin und wurde Mitglied damals in Genua, in einer extrem konservativen Gesellschaft. Ich gehörte zu den ersten Frauen, die in diesen Club aufgenommen wurden und Frauen wurden damals ein bisschen wie weisse Elefanten betrachtet. Es war ein aktiver Club und wir Frauen wurden nach einigem Zögern zu hundert Prozent akzeptiert. In meinem Beruf gibt es verschiedene Netzwerke. Ich denke da zum Beispiel an das schweizerische Netzwerk, auf welches wir immer zurückgreifen konnten, wenn wir wieder in einen anderen Teil der Welt versetzt wurden. Das lokale Netzwerk hingegen konnte man bei Versetzungen nicht mitnehmen. Es war oft schwierig, Freundschaften zurückzulassen. Vor allem, da ich damals nicht die Möglichkeit hatte, die Kontakte mit Telefongesprächen und E-Mails weiterhin zu pflegen. Deshalb freut es mich sehr, dass ich jetzt, nach meiner Pensionierung, auf ein Netzwerk zurückgreifen kann, in dem ich echte Freundschaften mit vielen unterschiedlichen Menschen erleben darf.

Ist dieses Netzwerk für die Karriere wichtig?

Netzwerke sind ungeheuer wichtig und diese aufzubauen und zu pflegen ist entscheidend. In meiner Karriere ging es oft darum, in relativ kurzer Zeit ein Netzwerk aufzubauen und Vertrauen zu schaffen – immer im Bewusstsein, dass man die Menschen wieder verlassen musste. Das geht nicht einfach in fünf Minuten. Es braucht Zeit und echtes Interesse für die Mitmenschen. Mit den Jahren habe ich gelernt, wie ich auf Menschen zugehen und den Kontakt in kurzer Zeit vertiefen kann.

Synergien nutzen bedeutet, die weiblichen und männlichen Stärken zu kennen und die Vorzüge gezielt einzusetzen. Welches sind aus Ihrer Sicht Stärken und Schwächen von Mann und Frau?

Zu Beginn meiner Karriere habe ich vor allem vom männlichen Umfeld profitiert, später lernte ich den weiblichen Input meiner Umgebung zu schätzen. Heute bin ich überzeugt, dass die besten Teams aus etwa gleich viel männlichen wie weiblichen Beschäftigten bestehen. Es ist mir aber bis heute nicht ganz klar, weshalb die Führung eines vorwiegend weiblichen Teams viel aufwendiger ist. Vielleicht, weil Männer prägnanter an Aufgaben herangehen und entscheiden, ohne lange zu diskutieren. Frauen sind da kritischer. Sie hinterfragen oft endlos und müssen zuerst von allem überzeugt werden. Es gilt, unvoreingenommen aufeinander zuzugehen und die geschlechtsspezifischen Einstellungen und Befindlichkeiten, sofern es diese gibt, einfach zu respektieren und sie gewinnbringend einzusetzen. Sensibilität ist aber bei Männern genauso vorhanden wie bei Frauen. Doch frage ich mich, ob Männer Emotionalität einfach mehr scheuen. Auch explosionsartige Reaktionen kommen keineswegs nur bei Frauen vor. Bleiben wir doch einfach offen für das Individuum, ohne Eigenschaften in Klischees zu pressen.

Haben Sie abschliessend einen Karrieretipp für Frauen?

Männer und Frauen müssen noch viel mehr aufeinander zugehen und sollten sich nicht scheuen, rollenfremde Aufgaben als Herausforderung und nicht als Einschränkung wahrzunehmen. Die Frau braucht die Befähigung oder die Bereitschaft, den Weg ohne Verbissenheit, aber trotzdem gradlinig und mit klaren Vorstellungen zu gehen. Sie darf nie aufgeben, auch wenn es Widerstände gibt. Gezielt und mit ruhiger Überzeugung vorwärts schreiten und was ganz wichtig ist: Nie den Humor verlieren!

Maximilian J. Riedel, 1977
Geschäftsführer Riedel Glas

Mein Motto:
»Wer vom Pferd fällt, soll sofort wieder aufsteigen«

LEBENSLAUF
Maximilian Riedel leitet das im österreichischen Kufstein ansässige Familienunternehmen Riedel Glas in der 11. Generation. Bereits mit zwölf Jahren machte er sein erstes Praktikum in der Glashütte. Seine Passion für die Produktionsweisen ermöglichten ihm die nötigen Ein- und Ausblicke sowohl in die Glasbläsertechnik als auch in die Geschäftsprinzipien zur Leitung eines internationalen Unternehmens. Mit 18 Jahren entschloss er sich zu einer Karriere im Unternehmen. Nach der Ausbildung am österreichischen Hauptsitz von Riedel wagte er die Einführung der Marke in Dubai. Im Alter von 23 Jahren zog er in die USA, wurde rasch Vice President und zwei Jahre später CEO von Riedel Crystal of America. Seine Kreativität brachte ihm viele Ehrungen wie auch das Unternehmen Riedel viel Anerkennung und zahlreiche Auszeichnungen erhielt, unter anderem vom Museum of Modern Art. Heute ist er neben seiner Tätigkeit als Geschäftsführer der Tiroler Glashütte auch der leitende Designer.

Was fällt Ihnen spontan zum Thema Frauenkarriere und Männerkarriere ein?

Für mich gibt es keinen Unterschied. Ich komme aus einer Familie, die sehr erfolgsorientiert agiert. Unser Unternehmen wird nun in der 11. Generation und interessanterweise bis jetzt immer von Männern geführt. Ich bin mir sicher, dass mein Vater der Erste war, der daran gedacht hat, das Unternehmen an seine Tochter weiterzugeben. Meine Schwester Laetizia Riedel und ich wurden damals motiviert, als er sagte, der Bessere von uns werde seine Firma übernehmen. Meine Schwester hatte aber gleich erklärt, dass sie daran nicht interessiert sei, weil sie ihre eigene Karriere als Rechtsanwältin verfolgen möchte. Beruflich bin ich hauptsächlich von Damen umgeben. Sie haben einen anderen Fokus als Männer und sind sehr motiviert und engagiert, was ich sehr schätze. Meine Nachfolge als Geschäftsführer in den USA ist nun auch in weiblicher Hand. Ich kann die Zusammenarbeit mit Damen nur loben. Wahrscheinlich haben einige Unternehmer Mühe damit, sich für Frauen im Kader zu entscheiden, weil bei ihnen neben der Karriere auch Kinder und Familie eine Rolle spielen könnten.

Gab es in Ihrer Laufbahn auch mal Rückschläge oder Schlüsselerlebnisse?

Ja natürlich, sehr viele sogar. Das fängt schon damit an, dass ich aus einem Familienunternehmen komme. Da sich in Familienunternehmen alle sehr nahe stehen, ist die Gefahr von Reibereien größer. Ich kenne das aus der Zeit meines Vaters und Grossvaters. Mein Vater lernte glücklicherweise aus dieser Situation und achtete bei unserer Zusammenarbeit stets auf genügend Distanz, was dann durch meine Arbeit in den USA sowieso gegeben war. Einen weiteren Rückschlag erlebte ich in China, in Hongkong, vor meiner Zeit in den USA. Hongkong war eine riesige Herausforderung für mich, denn ich wäre der erste Riedel gewesen, der in China hätte Fuss fassen können. Nach einer gewissen Zeit rief mich mein Vater aber nach Österreich zurück und teilte mir mit, dass ich für diese Aufgabe noch zu jung sei und auf Grund des Alters in China zu wenig akzeptiert sein würde. Darüber war ich schon sehr enttäuscht. Während meiner anschliessenden Zeit in New York geschah der Terroranschlag 9/11. Auch das war für mich sehr prägend. Angestellte unserer Firma haben Familienmitglieder verloren und wir alle lebten mit der ständigen Angst vor erneuten Anschlägen. Ganz einschneidend war für mich zudem ein Flug von Los Angeles nach New York, als über Oklahoma ein Triebwerk explodierte. Das Flugzeug verlor signifikant an Höhe und in der Maschine herrschte Totenstille. Das Flugpersonal war verschwunden und niemand von den Passagieren wusste, was los war. Ich hatte praktisch mit meinem Leben abgeschlossen, während ich in die leeren Augen der anderen Passagiere schaute. Das waren ganz tragische Minuten in meinem Leben.

Wie sind Sie mit diesen Rückschlägen umgegangen?

In Bezug auf die Triebwerksexplosion verhielt ich mich getreu dem Motto »Wer vom Pferd fällt, soll sofort wieder aufsteigen«. Ich habe meine Assistentin gebeten, den nächstmöglichen Flug nach New York zu buchen und eine halbe Stunde später sass ich im nächsten Flugzeug. Das Asienerlebnis hat bei mir grosse Selbstzweifel ausgelöst. Aber letztlich motivierte es mich, eine immer noch bessere Leistung zu vollbringen. Ich bin ein Mensch voller Lebenslust und motiviere mich bei Rückschlägen selber dazu, wieder aufzustehen und so schnell wie möglich weiterzumachen.

Man sagt, Männer treten selbstsicherer auf als Frauen. Was denken Sie darüber?

Das ist individuell wohl sehr unterschiedlich. Ich lernte jedenfalls mit Selbstzweifel umzugehen. Das hat schon in der Schule angefangen, denn ich war ein katastrophaler Schüler. Im Alter von zwölf Jahren erlaubte mir mein Vater während den Ferien in der Glashütte zu arbeiten. Das war für mich eine tolle Erfahrung und motivierte mich für die restlichen Schuljahre. Learning by doing war für mich immer viel wichtiger.

Und wie wissen Sie, dass das, was Sie machen, richtig ist?

Ob man etwas richtig macht, ist zu Beginn nie ganz klar. Das sehe ich ganz besonders, seit ich in der Hauptproduktentwicklung tätig bin, wo ich immer wieder unter großem Druck stehe. Sicherheit darüber, ob ein Produkt Erfolg haben wird oder nicht, gibt es nicht. Ein gutes Zeichen ist es aber sicher dann, wenn die Konkurrenz einen kopiert. Auch die Aufnahme eines meiner Produkte im Museum of Modern Art war eine Bestätigung für mich. Der Erfolg zeigt mir, dass ich auf dem richtigen Weg bin. Aber es ist auch wichtig inne zuhalten, und zu überprüfen, ob der eingeschlagene Weg auch der richtige ist. Manchmal sind Wegkorrekturen wichtig und sinnvoll.

Was wollten Sie als Kind werden?

Rennfahrer. Wir Österreicher hatten zu meiner Jugendzeit einige erfolgreiche Rennfahrer wie Niki Lauda, Gerhard Berger und Jochen Rindt. Hie und da habe ich Gerhard Berger auf der Strasse getroffen und mein Herz ist jeweils fast stehen geblieben. Doch Rennfahrer zu werden war schwierig und meine Eltern haben dies auch nicht unterstützt. Schnell war für mich klar, dass ich irgendetwas mit Wein machen möchte. Überall, wo Wein getrunken und zelebriert wird, spielt er eine sehr tragende Rolle. Auch der schön gedeckte Tisch ist etwas, das mich sehr fasziniert. Früher haben die Menschen sehr viel mehr Wert auf gepflegte Tischkultur gelegt als heute. Stichwort Fast Food – ich halte das für eine bedauerliche Entwicklung. Daher ist es mir wichtig, die Menschen wieder dazu zu bringen, einen schön gedeckten Tisch zu schätzen und so war dann für mich klar, dass ich ins Familienunternehmen einsteigen möchte. Natürlich gab es immer wieder Zeiten, in denen ich aussteigen und etwas Eigenes auf die Beine stellen wollte. Aber interessanterweise rief jeweils genau dann mein Vater an und sagte: »Sohn, ich brauche dich«. Und das war für mich immer die Bestätigung weiterzumachen.

In Ihrer Position verfügen Sie bestimmt über ein grosses Netzwerk. Ist dieses Netzwerk für die Karriere wichtig?

Das Netzwerk ist mir sehr wichtig, aber weniger für die Karriere, denn ich bin im elterlichen Betrieb aufgewachsen und es war für mich immer klar, dass ich das Familienunternehmen einmal führen werde. Ich sehe die Wichtigkeit des Netzwerkes heute bei meiner Cousine, die in Zuoz zur Schule gegangen ist. Ich bin ein bisschen eifersüchtig, weil sie in dieser Schule schon in jungen Jahren interessante Menschen kennen lernte und ein Netzwerk fürs Leben aufbauen konnte. Ich kann den Menschen, die sich ein solches Internat leisten können, nur empfehlen, ihre Kinder dorthin zu schicken. Denn so haben die Kinder schon früh die Möglichkeit, langfristig persönliche Beziehungen aufzubauen.

Wo und wie bauen Sie Ihr Netzwerk auf?

Für Jungunternehmer gibt es Wirtschaftsnetzwerke, die ich sehr bedeutend finde. Andere Führungspersönlichkeiten zu treffen und sich auszutauschen, halte ich für sehr wichtig, da man ab einer gewissen Führungsstufe sehr alleine ist. Ob ein Netzwerk aber dazu dient, den Umsatz wachsen zu lassen – das bezweifle ich eher. Leider finde ich nicht genügend Zeit, um mein Netzwerk wirklich zu pflegen. Ich bin Mitglied der Young Presidents Organization (YPO), einer Organisation, die junge, erfolgreiche CEOs mit unterschiedlichen Religionen und Herkünften über die ganze Welt hinweg verbindet. Die Treffen sind immer sehr bereichernd und das Interesse daran, sich diese Termine einmal pro Monat einzurichten, ist sehr gross.

Synergien nutzen bedeutet, die weiblichen und männlichen Stärken zu kennen und die Vorzüge gezielt einzusetzen. Welches sind aus Ihrer Sicht Stärken und Schwächen von Mann und Frau?

Durch meine Berufserfahrung und meinen Aufenthalt in den USA habe ich darüber sicher ein nicht so traditionelles Denken wie die Europäer beziehungsweise explizit der Österreicher oder der Tiroler. Ich habe noch nie eine Position mit dem Gedanken besetzt, ob diese Arbeit eine Frau oder ein Mann besser erledigt. Ich setzte die mir passend erscheinende Person auf die richtige Stelle, unabhängig vom Geschlecht, aber abhängig vom Talent. Ich glaube, ein guter Manager muss beides in sich tragen. Die Verbindung von Yin und Yang. Es braucht beides, um ein erfolgreicher Manager oder eine erfolgreiche Managerin zu sein. Ein absoluter »Alpha«-Typ – sei dies nun männlich oder weiblich – käme für mich nicht infrage.

Haben Sie abschliessend einen Karrieretipp für Frauen?

Ja, aber die gleichen Tipps würde ich auch Männern geben. In erster Linie ist eine sehr gute und intensive Ausbildung nötig. Damit meine ich aber nicht nur eine schulbezogene oder universitäre Ausbildung. Wenn ein Kind bereits während der Ferien eine Arbeit verrichtet, bekommt es einen ersten Blick in ein Unternehmen. Dadurch kann es erfahren, was ihm gefällt und was nicht. Am schlechtesten für ein Curriculum Vitae ist, wenn die Person alle paar Jahre die Stelle gewechselt hat. Um dies zu vermeiden, empfehle ich, während des Schulabschlusses oder während der Universität herauszufinden, was man vom Leben und vom Beruf erwartet, und sich dann die Zeit für diese Entscheidung zu nehmen. Das, was man macht, soll einen glücklich und zufrieden machen. Ganz wichtig finde ich auch, sich stets weiterzubilden und nicht auf der Stufe, auf der man gerade steht, stehen zu bleiben. Und zum Schluss: Nicht in der Vergangenheit, sondern im Jetzt leben, in die Zukunft schauen, den Puls der Zeit spüren!

Bernadette Schaeffler, 1965

Unternehmerin

Mein Motto:
»Schlägt dir das Leben die Türen zu, öffnen sich die Fenster!«

LEBENSLAUF
Bernadette Schaeffler studierte Jura und ist im Handel ausgebildet. Sie arbeitete im Schuhhandel, bevor sie 1995 in die USA zog. Ihre Lebensaufgabe sieht sie darin, ihre drei Kinder zu selbstbewussten Menschen zu erziehen. Mit dem Wissen, dass Sprösslinge nicht bleiben, hat sie »Bernadette Schaeffler Collection« gegründet. Schon als Kind träumte sie davon, Innenarchitektur zu studieren. Sie hat ihr Interesse ein Leben lang verfolgt, spricht fünf Sprachen und liebt das Reisen. Dadurch entwickelte sie ein Gespür für Kunst, Kultur und Design. Dank ihres Familienhintergrundes hat sie ein scharfes Auge für Qualität und ist geschult, Trends schnell zu entdecken. Für ihre Kunden ist sie stets auf der Suche nach dem Aussergewöhnlichen »Ich versuche zu zeigen, wie spielerisch Design sein kann. Einrichtung ist etwas sehr Persönliches und unser Geschmack ändert sich.« Design sei »wie ein Kochrezept aus vielen Zutaten, die am Ende harmonieren und ein schmackhaftes Gericht ergeben«, so Schaeffler.

Was fällt Ihnen spontan zum Thema Frauenkarriere und Männerkarriere ein?

Wir Frauen sollten nicht versuchen, die Männer zu kopieren, sondern unsere Karriere so gestalten, wie wir diese sehen. Dazu gehören für mich emotionale Intelligenz und Vertrauen in sich selber. Ich muss die eigene Position so gestalten, wie ich sie als Frau sehe und nicht, wie die Männerwelt sie irgendwann einmal vorgeschrieben hat.

Gab es in Ihrer Laufbahn auch Rückschläge oder Schlüsselerlebnisse?

Mit Sicherheit. Im Laufe des Lebens kamen einige berufliche und private Rückschläge auf mich zu. Aber aus denen hat man ja auch die Chance herauszuwachsen. Diese Erlebnisse helfen mir heute, Dinge besser zu verstehen und im beruflichen Umfeld Sachen so zu lenken, wie es vielleicht vor zwanzig Jahren noch nicht möglich gewesen wäre. Ich denke, gerade bei der Karriere – egal ob Mann oder Frau – wollen viele keine Fehler machen, aber das gehört einfach dazu. Und wenn Fehler passieren, sollte man die Grösse haben, sich damit auseinanderzusetzen und daraus neue Wege zu schöpfen.

Wie gehen Sie mit Rückschlägen um?

Ich persönlich bin jemand, der sehr viel in sich hineinfrisst. Zunächst einmal ziehe ich mich zurück. Später versuche ich zu analysieren, was genau passiert ist und wieso. Leider suche ich oft die Schuld bei mir selber. Vieles habe ich verarbeitet, obwohl manche Dinge im Leben wohl nie hundertprozentig zu verarbeiten sind. Ich glaube, das trägt man dann einfach mit sich. Man kann versuchen, die tiefen Wunden zu heilen, aber ein paar Narben bleiben halt doch zurück.

Man sagt, Männer treten selbstsicherer auf als Frauen. Was denken Sie darüber?

Teilweise spielen die Männer eine bessere Selbstsicherheit vor. Sicher kann man das nicht verallgemeinern. Männer wollen bereits durch einen kräftigen Handschlag ihre Grösse und Stärke zeigen. Ich glaube, dass in einer Karriere – oder überhaupt im Berufsleben einer Frau – die Körperhaltung ganz wichtig ist. Aus meiner Sicht wird das viel zu wenig angesprochen. Die Sprache des Körpers und auch der Augen sind wahnsinnig wichtig, um eine gewisse Präsenz und Stärke darzustellen. Frauen sollten sich nicht ducken. Ein aufrechter Gang verleiht viel Selbstsicherheit.

Kommen Ihnen im beruflichen oder im privaten Umfeld trotz erfolgreicher Karriere manchmal Selbstzweifel?

Selbstzweifel kenne ich auch, absolut. Manchmal denke ich, es ist alles ganz fantastisch angelaufen, es klappt gut. Dann wiederum habe ich Tage, an denen denke ich »Oh mein Gott, hast du auch alles richtig gemacht?« oder »War es klug, so etwas anzufangen?«. Diese Selbstzweifel kommen vor allem dann, wenn die Geschäfte einmal nicht so laufen.

Und wie wissen Sie, dass das, was Sie machen, richtig ist?

Im beruflichen Feld weiss ich, dass es richtig ist, wenn ich den Jahresabschluss lese. Das ist wahrscheinlich in der Aufbauphase meines Unternehmens das beste Zeichen und gibt mir auch entsprechende Anerkennung. Und natürlich dann, wenn Kunden ins Geschäft kommen, Interesse an meiner Kollektion zeigen, meinen Service in Anspruch nehmen oder sich für meinen LifestyleBlog begeistern. Je mehr Häuser ich einrichten darf, desto mehr wird mein Wissen und meine Arbeit anerkannt.

Was wollten Sie als Kind werden?

(lacht herzlich) Als kleines Mädchen wollte ich Innenarchitektin oder Modeschöpferin werden. Etwas Kreatives musste es sein, eigentlich genau das, was ich jetzt mache.

Wie haben Sie Ihre Karriere geplant?

Ich habe meine Karriere überhaupt nicht geplant. Irgendwann habe ich gedacht: »Jetzt ist die Karriere mit den Kindern schon fast vorbei und du sitzt in fünf Jahren mit dem Hund auf dem Sofa und die Kinder rufen ‚Bye Mami!'«. Das war nicht das, was ich wollte, und so überlegte ich mir, was ich sonst noch machen könnte. Einige Bekannte haben mir Wohltätigkeitsvereine vorgeschlagen, aber auf Dauer konnte ich mir das nicht vorstellen. Plötzlich war mir klar, dass ich ein Geschäft eröffnen wollte. Ich hatte von Anfang an einen Plan im Kopf, die ersten beiden Jahre waren dann allerdings Lehrjahre. Es lief nicht von Anfang an alles rund und auch heute bin ich immer noch dabei, zu lernen und mich zu verbessern. Das Schöne ist, dass ich meinen Kindheitstraum verwirklichen konnte. Und es macht mir wahnsinnig Spass.

In Ihrer Position verfügen Sie bestimmt über ein grosses Netzwerk. Wo und wie bauen Sie dieses auf?

Als ich vor drei Jahren anfing, mein Netzwerk aufzubauen, war mir das Netzwerken ein Fremdwort. Ich dachte, ich könnte mein Geschäft so aufbauen, wie das damals meine Grosseltern gemacht hatten. Sie hatten mitten in der Stadt ein Schuhgeschäft eröffnet und die Leute strömten herein. Das funktionierte damals noch. Als mein Vater später das Geschäft übernahm, war er einer der ersten, der italienische Schuhe nach Deutschland brachte und auch das lief alles relativ einfach. Selbst als ich vor zwanzig Jahren für deutsche Schuheinzelhändler und später im eigenen Unternehmen gearbeitet habe, war »Erlebniskauf« die einzige Erneuerung in der Einzelhandelslandschaft. Entsprechend hatte ich diese Vorstellung auch für mein eigenes Geschäft in Dallas. Ich war mir sicher, ich könnte einfach meine Sachen präsentieren und dann laufe das. Ich musste aber schnell feststellen, dass dem nicht so ist. Also habe ich angefangen, für mein Netzwerk Fäden zu spinnen. Mittlerweile bin ich sicher viele Schritte weiter, aber immer noch nicht dort, wo ich sein möchte.

Ist ein Netzwerk für die Karriere wichtig?

Ein gutes Netzwerk ist etwas vom Wichtigsten. Ich habe angefangen, an Anlässe zu gehen, um neue Menschen kennen zu lernen. Die Netzwerkfäden muss man in verschiedene Richtungen spannen. In meinem Fall zu Kunden, zu Designern, Architekten, Bauherren. Aber das alles braucht natürlich Zeit. Persönlich bin ich in keinem Serviceclub eingebunden. Ich habe mit Clubs ein bisschen Mühe. Ich bin sehr engagiert im Frauenhaus (The Family Place) in Dallas, was ja auch wiederum ein Netzwerk ist. Da kommen sehr viele Leute aus den verschiedensten Bereichen zusammen, zum Beispiel Leute aus der Wirtschaft, Hausfrauen, Mütter oder auch Polizeiangestellte. In Amerika ist es sehr wichtig, in einem Wohltätigkeitsverein aktiv zu sein. Ganz generell hat das Netzwerk in Amerika eine grössere Bedeutung. Der Gedanke, als Team zu agieren, ist viel wichtiger. Der Begriff Teamwork stammt ja auch aus Amerika.

Synergien nutzen bedeutet, die weiblichen und männlichen Stärken zu kennen und die Vorzüge gezielt einzusetzen. Welches sind aus Ihrer Sicht Stärken und Schwächen von Mann und Frau?

Frauen haben mit Sicherheit mehr emotionale Intelligenz. Ich glaube, das kann in Seminaren gar nicht genug unterstrichen werden. Wir haben da einen riesengrossen Vorteil. Dafür haben Männer die Fähigkeit, sachlicher zu kommunizieren. Wir Frauen sind da viel emotionaler und nehmen Dinge sehr oft persönlich. Leider denken viele Frauen, sie müssten sein wie ein Mann. Ganz nach dem Motto »Was der kann, kann ich auch – in der genau gleichen Art« und das geht halt nicht. Manchmal denke ich, dass sich Männer mit der emotionalen Intelligenz etwas schwer tun. Sie wurden diesbezüglich auch anders erzogen. Hinzu kommt, dass Frauen ja eigentlich gemacht sind, um Kinder auf die Welt zu bringen und für sie da zu sein. Aber punkto Kinderbetreuung könnten die Rollen bestimmt auch getauscht werden. Frauen sind untereinander oft neidisch. Von Freundinnen, die Karriere gemacht haben, weiss ich, dass sie mehr Mühe haben, wenn sie auf der Karriereleiter von einer Frau überholt werden statt von einem Mann. Da kommen dann sofort Gedanken auf wie »Was kann die besser als ich?« oder »Was hat die, was ich nicht habe?«. Wenn ich ehrlich bin, hätte ich wohl auch mehr Mühe, eine Frau als Chefin zu haben.

Haben Sie abschliessend einen Karrieretipp für Frauen?

Frauen sollen ihre Karriere mit Selbstvertrauen angehen und sich nicht an Männern messen. Sie sollen auf ihre innere Stimme hören, vor allem dann, wenn sie irgendwo Zweifel haben.

Urs Berger, 1951
Verwaltungsratspräsident der Schweizerischen Mobiliar Versicherungen

Mein Motto:
»Nimm andere ernst, dafür dich selber nicht zu sehr.«

LEBENSLAUF
Urs Berger ist Verwaltungsratspräsident der Schweizerischen Mobiliar Genossenschaft und Präsident des Schweizerischen Versicherungsverbandes. Nach einem Ökonomie-Studium in St. Gallen begann er seine Karriere bei einem Versicherungsbroker. Danach war er bei der Zürich- und der Balôise-Versicherung tätig, wo er Chef der Schweizer Einheit und Mitglied der Konzernleitung wurde. Im Jahr 2003 wechselte er an die Spitze der Mobiliar Versicherung und wurde nach acht Jahren als CEO 2011 zu deren Verwaltungsratspräsident gewählt. Berger ist im Aufsichtsrat der deutschen Gothaer Versicherungsbank und der Gothaer Finanzholding AG, Bankrat der Basler Kantonalbank und Mitglied der vom Bundesrat eingesetzten Expertengruppe »Weiterentwicklung Finanzmarktstrategie des Bundes«. Ferner ist er im Verwaltungsrat der »BernExpo AG« und der »Hotel Bellevue-Palace Immobilien AG«. Er präsidiert den Verwaltungsrat der »Emch & Berger Bern AG« und steht der Volkswirtschaftlichen Gesellschaft Bern vor. Berger ist verheiratet, hat zwei Töchter und einen Sohn und wohnt in Therwil (BL).

Was fällt Ihnen spontan zum Thema Frauenkarriere und Männerkarriere ein?

Aus meiner Sicht gibt es Branchen, in denen häufiger Männer Karriere machen und Branchen, in welchen Frauen erfolgreicher sind. In grossen, vielbeachteten Positionen dominieren eher die Männer. Ich befasse mich schon seit geraumer Zeit mit der Frage, warum das so ist. Eine abschliessende Antwort habe ich bis jetzt aber noch nicht gefunden. Wahrscheinlich spielt das traditionelle Rollenbild von Mann und Frau eine wichtige Rolle, denn es sind immer noch viele Frauen überzeugt, dass Führen nicht ihr Thema ist. Ich finde das schade, denn viele Frauen wären sehr talentiert. Führen in der Wirtschaft heisst für mich nicht, einfach nur Feldherr zu sein. Dies kann man auf eine viel subtilere Art tun, so etwa mit einer guten Kommunikations- und Informationspolitik. Gerade in der Kommunikation sind Frauen sehr stark, oftmals viel stärker als Männer. Frauen drängen sich jedoch in der Regel nicht so sehr in den Vordergrund, sind nicht so laut wie Männer und verkaufen sich daher vielleicht auch nicht so gut. Bei der Karriere ist für mich Folgendes entscheidend: Wer einen Schritt gemacht hat, muss dort bestehen können. Wichtig ist, dass man die Chance erkennt, die Herausforderung annimmt und zeigt, dass man will und kann.

Gab es in Ihrer Laufbahn auch Rückschläge oder Schlüsselerlebnisse?

Kurz vor meinem Abschluss an der Hochschule St. Gallen erkrankte ich und konnte daher die Prüfungen nicht absolvieren. Diese Tatsache hat mich lange beschäftigt und ich habe mich immer wieder gefragt, weshalb mir das nicht drei Monate später passieren konnte. Dann wären die Prüfungen vorbei gewesen.

Wie gehen Sie damit um?

Als ich Jahre später wieder gesund war, entschied ich mich, direkt ins Berufsleben einzusteigen und Praxiserfahrung zu sammeln. Ich hatte zwar immer wieder Selbstzweifel, ohne Abschluss weniger wert zu sein. Erleichtert hat mir diesen Entschluss aber das Wissen, dass im Gegensatz zu anderen Studienrichtungen wie etwa Medizin oder Recht, in der Ökonomie ein Studiendiplom nicht die Berufsqualifikation bedeutet. Vielmehr braucht es berufliche wie menschliche Qualifikationen. Die Tatsache, dass Leistung mehr zählt als ein Abschluss, half mir, mit diesem Schlüsselerlebnis umzugehen. Je mehr Erfolgserlebnisse ich erfahren durfte, umso mehr relativierte sich das Fehlen eines akademischen Grades.

Man sagt, Männer treten selbstsicherer auf als Frauen. Was denken Sie darüber?

Für mich ist das weniger eine Frage des Geschlechts als vielmehr des Alters. Zu Beginn einer Karriere in jungen Jahren tritt man oft ungestüm auf und wirkt dadurch selbstbewusst. Dabei ist die Sicherheit bei Entscheiden noch tief. An mir selbst habe ich festgestellt, dass meine Entscheide mit zunehmendem Alter besser wurden. Aber nicht, weil die Entscheidungsgrundlagen sicherer wurden, sondern weil ich mich mit grösserer Erfahrung mehr auf meine Entscheide verlassen konnte. Eine Frage, die mich immer wieder beschäftigt und fasziniert: Wie sicher bin ich, wenn ich entscheide? Ich glaube keinem Manager, der sagt, er habe einen komplexen Entscheid mit hundertprozentiger Sicherheit gefällt. Wohl eher kann mit hundertprozentiger Überzeugung entschieden werden.

Kommen Ihnen im beruflichen oder im privaten Umfeld trotz erfolgreicher Karriere manchmal Selbstzweifel?

Ja klar, ich habe immer wieder Zweifel an dem, was ich gemacht habe oder wie ich entschieden habe. Ich glaube, es ist wichtig, dass man immer wieder Selbstzweifel hat und auf diese auch hört. Am Schluss bringt mich nur eine selbstkritische Auseinandersetzung weiter. Entscheiden – gerade als Manager – hat nicht nur mit Wissen zu tun. Die grossen, wichtigen Entscheide, bei denen es um die Zukunft geht, fällt man mit vielen Emotionen, mit Bauchgefühl. Heute weiss ich, dass ich mich auf dieses Bauchgefühl verlassen kann. Sicher ist viel Erfahrung und Routine dabei, aber bei wichtigen Entscheiden spielt der Bauch eine grosse Rolle.

Und wie wissen Sie, dass das, was Sie machen, richtig ist?

Manchmal bin ich einfach davon überzeugt, dass ich etwas richtig mache. Diese Überzeugung besteht aus Wissen und Gefühl. Ich habe seit rund 35 Jahren Führungsaufgaben inne. In dieser Zeit habe ich gelernt Zeichen zu erkennen, ob ich richtig oder falsch liege. Entscheidungen sind ja oftmals dynamische Entwicklungen, bei denen wir unterwegs Korrekturen anbringen können. Gerade in diesem dynamischen Prozess habe ich mittlerweile ein gutes Gespür und auch die richtigen Instrumente, um rechtzeitig eingreifen zu können. Dazu gehört auch, auf Mitarbeitende zu hören, die Alarmsignale geben. So bin ich in der Lage, die Entwicklung immer wieder flexibel anzupassen. Ich nenne es Feintuning und gerade das gibt mir ein gutes Gefühl, auf dem richtigen Weg zu sein.

Wie haben Sie Ihre Karriere geplant?

Ich hatte in meiner Jugend lange Zeit eine klare Vorstellung, was ich werden wollte – nämlich Strassenwischer. Ich bin auf einem Hügel bei Winterthur aufgewachsen und als kleiner Junge habe ich die Männer gesehen, die ganz gemütlich mit ihrem Karren herumgefahren sind und mit grossen Reissbesen die Strassen gereinigt haben. Als Kind hat mich das fasziniert – man ist draussen an der frischen Luft, hat Bewegung und sieht den Erfolg sofort. Später studierte ich Versicherungs- und Riskmanagement und wollte Riskmanager bei einem Industriebetrieb werden. Diese Risikoeinschätzungstools und die Bearbeitung von Risiken beeindruckten mich. Bekanntlich ist es dann anders gekommen und ich bin bei der Versicherung geblieben. Eines war mir stets wichtig: Ich bin bei meinen Jobs immer sehr breit geblieben. Ich arbeitete nicht konkret auf ein Ziel hin, das ich vor Augen hatte. Dadurch eröffneten sich mir interessante Möglichkeiten. Ich habe dank meiner Beratungstätigkeit Einblick in viele Unternehmungen gewonnen. Auch den Schritt ins internationale Umfeld wagte ich, obwohl mir kurz vorher mitgeteilt wurde, dass ich auf dem Sprung zum Handlungsbevollmächtigten sei und ich nicht befördert würde, wenn ich ins Ausland ginge. Mir war dieser Schritt aber wichtiger, denn ich wollte neue Erfahrungen sammeln und mein Wissen erweitern. Ich habe ein Jahr in England gearbeitet, dann ein halbes Jahr mit Zusatzausbildung in Amerika und dadurch auch diesen Markt kennen gelernt. Meine Karriere verlief sehr harmonisch. Ein Schritt folgte dem anderen, wobei immer neue Herausforderungen dazu kamen – nicht sehr geplant, sondern eher den Opportunitäten folgend. Wichtig war mir immer, das gut zu erledigen, was ich gerade machte. Ich gestaltete die Führung so, dass ich die Mitarbeitenden mit auf den Weg nehmen konnte und dass wir als Team stark waren. Bei Zukunftsfragen hörte ich auch auf andere Leute. Ich habe eigentlich nie an den nächsten Karriereschritt gedacht, im Gegenteil – in der Regel kam er früher, als ich erwartet hatte. Chancen, die sich mir boten, packte ich. Als man mir zum Beispiel vor ungefähr elf Jahren die Möglichkeit gab, die Mobiliar als CEO zu leiten, habe ich diese tolle Chance sofort ergriffen.

Konnten Sie sich vor zehn Jahren vorstellen, einmal Verwaltungsratspräsident der Schweizerischen Mobiliar Versicherungen zu sein?

Ich wollte den CEO-Job bei der Mobiliar langfristig erfüllen, somit habe ich mir vor zehn Jahren die Frage gar nicht gestellt, ob ich einmal Verwaltungsratspräsident werden würde. Als ich meine Laufbahnplanung mit dem Verwaltungsrat besprochen habe, hat mir dieser das Angebot gemacht, Verwaltungsratspräsident zu werden.

In Ihrer Position verfügen Sie bestimmt über ein grosses Netzwerk. Wo und wie bauen Sie dieses auf?

Ich habe verschiedene Netzwerke. Beispielsweise meinen Freundeskreis, in welchem wir uns austauschen, oder ehemalige Studienkollegen, mit denen ich noch heute regelmässig Kontakt habe. Ich war in einem Serviceclub, musste diesen aber aus zeitlichen Gründen nach ein paar Jahren wieder aufgeben. Wertvoll ist auch meine Aufgabe als Präsident der Volkswirtschaftlichen Gesellschaft. Das ist ein Netzwerk, das Wissenschaft und Industrie verbindet. Die rund sieben Veranstaltungen pro Jahr sind wertvolle Netzwerkanlässe.

Ist dieses Netzwerk für die Karriere wichtig?

Netzwerke sind schon sehr wichtig, aber es ist ja nicht so, dass man einen Karriereschritt machen kann, nur weil man jemanden kennt.

Netzwerke sind für mich aus verschiedenen Blickwinkeln förderlich. Sie bieten gerade punkto Kommunikation eine gute Gelegenheit zu lernen und den Horizont zu erweitern, damit man nicht als Fachidiot durch die Welt marschiert. Sobald man sich für andere interessiert, finden Gespräche statt, in denen Erfahrungen ausgetauscht werden können. So profitiert man von den Fehlern anderer, ohne diese selbst machen zu müssen. Von einigen wird Networking als negativ empfunden und als Lobbying bezeichnet. Für mich ist Networking aber differenzierter: Mit Menschen ins Gespräch zu kommen, die unterschiedliche Hintergründe, Ausbildungen und Fähigkeiten haben, ist unglaublich spannend. Man muss aber auch selbst bereit sein, sich einzubringen und zuzuhören und nicht nur zu konsumieren. Selbstdarsteller sind nicht erwünscht.

Synergien nutzen bedeutet, die weiblichen und männlichen Stärken zu kennen und die Vorzüge gezielt einzusetzen. Welches sind aus Ihrer Sicht Stärken und Schwächen von Mann und Frau?

Bevor ich auf die Stärken und Schwächen von Mann und Frau eingehe, möchte ich anmerken, dass ich ein grosser Fan von gemischten Teams bin. Ich bin absolut überzeugt, dass sich Mann und Frau im Team sehr gut ergänzen. Stärken und Schwächen von Männern und Frauen zu bezeichnen, tönt immer etwas plakativ. Ich könnte Ihnen für jede aufgezählte Stärke sowohl einen Mann wie eine Frau nennen. Aber natürlich gibt es gewisse Tendenzen. Persönlich fällt mir auf, dass in technischen Bereichen, im Ingenieur- oder Bauwesen, mehrheitlich Männer vertreten sind. Auf der anderen Seite sehe ich bei Frauen ein Interesse an Medizin oder psychologischen Themen und zum Glück interessieren sie sich auch vermehrt für Kommunikation. Gerade das Kommunikative sehe ich als herausragende Stärke von Frauen, wahrscheinlich weil sie ihr Ego weniger in den Vordergrund stellen und in Gesprächen besser zuhören können. Synergien sehe ich vor allem dort, wo Männer ihr angeborenes oder anerzogenes Naturell, nämlich das Vorangehen und Ausprobieren, hervorheben und Frauen die Feinjustierung vornehmen.

Haben Sie abschliessend einen Karrieretipp für Frauen?

(lacht) Vor solchen Tipps habe ich mich stets gehütet. Ich kann nur sagen – und dazu stehe ich auch: Frauen müssen sich mehr einbringen, sich mehr zeigen, denn sie haben etwas zu sagen.

Signe Reisch, 1955
Wirtin Hotel Rasmushof
Präsidentin Kitzbühel Tourismus

Mein Motto:
»Per astera ad astra und den Dingen immer möglichst einen Schritt voraus«

LEBENSLAUF
Das Leben von Signe Reisch liesse sich kurz beschreiben mit »Rasmushof«. Seit ihrem 19. Lebensjahr wirkt sie hier. Die Schulbank war nicht so ihr Metier, sie packte von klein auf lieber in den Betrieben ihrer Familie mit an. Schon als Kind half sie der Grossmutter im Hotel Garni Reischhof. Die Eltern wollten ihr eine gute Ausbildung verschaffen und schickten sie mit 14 Jahren ins Internat in die französische Schweiz, das sie mit dem Nancy I abschloss. Reischs gastronomischer Weg manifestierte sich sodann mit 17 Jahren in einem Praktikum in den USA und begann anschliessend mit der Ausbildung zur Köchin. 1974 beschlossen die Eltern von Reisch, an den Stall des landwirtschaftlichen Betriebes ein Hotel Garni anzubauen, um ihrer Tochter eine Existenzgrundlage zu verschaffen. Der Elf-Zimmer-Betrieb ist unter ihren Händen zu einem 4-Sterne-Paradehaus herangewachsen, mit dem Hermann Reisch Saal und einem Golfplatz. Heute ist Reisch Chefin des Hotels und Präsidentin von Kitzbühel Tourismus. Eine Aufgabe, die sie – wie sie selber sagt – herausfordert, für ihr geliebtes Kitzbühel noch mehr beizutragen, und die ihre Kräfte nochmals steigert. Signe Reisch ist Mutter dreier Kinder.

Was fällt Ihnen spontan zum Thema Frauenkarriere und Männerkarriere ein?

Bei Männern ist eine Karriere selbstverständlich, eine Frau muss dafür doppelt so gut sein. Bei Frauen kommt hinzu, dass sie es sind, die Kinder kriegen. Ich habe drei Kinder und das forderte schon einiges an Organisation und Verantwortung, um alles unter einen Hut zu bekommen. Mir war es wichtig, dass immer jemand für die Kinder da war, während ich den Rasmushof führte. Ich schaute, dass die Kinder einen regelmässigen Rhythmus hatten, aber auch, dass es immer die gleichen Bezugspersonen waren. Bei einem Mann hätte ihm das die Frau abgenommen.

Gab es in Ihrer Laufbahn auch Rückschläge oder Schlüsselerlebnisse?

Ja natürlich. Wer hat das nicht? Ich hatte eine sehr dramatische Geburt bei meinem ersten Kind. Darauf folgte der Freitod meines Bruders. Fast gleichzeitig wurde bei meinem damaligen Ehemann ein Hirntumor diagnostiziert, der sich dann glücklicherweise nicht bestätigte. Das waren schon ganz schwere Zeiten. Aus den Begegnungen mit Menschen, die mir beistanden, konnte ich viel für mich gewinnen. Ich kann heute sehr gut anderen Menschen helfen, wenn diese in Not sind und habe da keine Berührungsängste. Durch meine Erfahrungen weiss ich, was sie in der Not brauchen und mir fallen im richtigen Moment die richtigen Worte ein. Vor zwanzig Jahren wurde bei mir Gebärmutterhalskrebs diagnostiziert und ich wurde zwei Mal operiert. Da bricht im Moment eine Welt zusammen. Vor allem beim Gedanken, ich könnte meine Kinder nicht aufwachsen sehen. Aber das Leben geht weiter und es muss auch weiter gehen. Ich finde es immer wieder unglaublich, welche Kräfte in einem Menschen stecken, wenn diese nötig sind. Ein Familienunternehmen zu leiten, ist ebenfalls nicht immer einfach. Ich leite dieses Hotel mit sehr viel Freude und Engagement. Ich gehe darin auf. Aber für ein Hotel sind auch immer wieder Investitionen nötig. Oft musste ich dafür um das Verständnis meiner Familie kämpfen. Auch mein Weg bis zur Präsidentin von Kitzbühel Tourismus war unglaublich steinig und beschwerlich. Aber alles in allem haben mir diese Rückschläge gezeigt, dass mehr in mir steckt, als ich mir bewusst war.

Wie sind Sie damit umgegangen?

Im Leben bekommt man immer wieder eine »Watsche«. Rückschläge sehe ich persönlich als persönlichkeitsbildend und stärkend, getreu nach dem Motto »Was uns nicht umbringt, macht uns stärker«. Ich bin sogar überzeugt, dass es ohne Rückschläge kein Vorwärtskommen gibt.

Man sagt, Männer treten selbstsicherer auf als Frauen. Was denken Sie darüber?

Es stimmt sicher, dass Männer selbstsicherer auftreten als Frauen. Frauen ist es aber gegeben, ihre weibliche Art und Weise einzusetzen, also ihren Charme und auch ihr Einfühlungsvermögen.

Kommen Ihnen im beruflichen oder im privaten Umfeld trotz erfolgreicher Karriere manchmal Selbstzweifel?

Mit dem Selbstvertrauen habe ich ein grosses Problem. Vielleicht liegt das zum Teil auch an der Art, wie ich erzogen wurde. Ich wäre beispielsweise nie alleine in ein Lokal gegangen, weil meine Mutter sagte, das gehöre sich nicht. Das Selbstvertrauen wurde mir nicht in die Wiege gelegt, aber der wachsende Erfolg hilft mir, mein Selbstvertrauen zu stärken. Dabei helfen mir auch Disziplin, Fleiss und eine gewisse Intelligenz.

Wie wissen Sie, dass das, was Sie machen, richtig ist?

Weil ich davon überzeugt bin. Andererseits gibt mir auch mein Erfolg diese Sicherheit. Als Präsidentin von Kitzbühel Tourismus habe ich einige Veränderungen vorgenommen und Strukturen eingeführt. Die steigenden Übernachtungszahlen zeigen mir deutlich, dass ich damit auf dem richtigen Weg bin. Schon mein Urgrossvater, mein Grossvater und mein Vater haben viel für Kitzbühel getan und ich sehe das auch als meine Aufgabe.

Welchen Berufswunsch hatten Sie als Kind oder Jugendliche?

Als Kind liebte ich die Landwirtschaft und half auch gerne meiner Oma im Hotel. Ich habe auch viel gelesen, gestickt, gestrickt und gehäkelt. Ich wollte auf jeden Fall einer Arbeit nachgehen, bei der ich mit anpacken kann. Die Familientradition hat prägend auf mich gewirkt. Es faszinierte mich, im Hotel so viele Menschen aus den verschiedensten Ländern zu sehen. Auch wenn ich keine gute Schülerin war, so habe ich bis heute einen grossen Bildungsdrang. Ich war zum Beispiel in der Unternehmerakademie. Das war ganz witzig, weil der Zweitälteste 30 Jahre jünger war als ich. Ich besuchte auch alle Seminare, bevor ich meine Mitarbeitenden dorthin schickte. Ich wollte wissen, ob die Kurse gut sind und ob meine Mitarbeitenden davon profitieren können.

In Ihrer Position verfügen Sie bestimmt über ein grosses Netzwerk. Ist ein Netzwerk für die Karriere wichtig?

Netzwerken ist sicher etwas Wesentliches, ganz nach dem Motto »Beziehungen schaden nur dem, der sie nicht hat.« Ich selber habe schon immer Beziehungen gepflegt. Aber ohne damit eine Absicht zu haben, einfach aus Menschlichkeit. Es zeigt sich aber oft, dass davon etwas zurückkommt.

Wo und wie pflegen Sie diese Beziehungen?

Ich versuche, den Kontakt zu den Leuten aufrecht zu erhalten. Sei es mit einem Freundschaftsanruf, mit Weihnachtsgrüssen oder Geburtstagswünschen. Hauptsache es ist echt und kommt von Herzen. Ich bin sehr direkt und mag es nicht, wenn um den heissen Brei geredet wird. Vielleicht bin ich deswegen nie für einen Serviceclub angefragt worden. Dank meines Berufes, meiner Hilfsbereitschaft und Persönlichkeit habe ich jedoch sehr viele Kontakte. Mein Ansehen ist durch meine Tätigkeit für Kitzbühel Tourismus sicher gestiegen.

Synergien nutzen bedeutet, die weiblichen und männlichen Stärken zu kennen und die Vorzüge gezielt einzusetzen. Welches sind aus Ihrer Sicht Stärken und Schwächen von Mann und Frau?

Etwas plakativ möchte ich sagen, dass die Männer sicher selbstsicherer sind, technisch begabter, zielgerichteter und sie können besser einparken – was natürlich nicht stimmt (lacht herzhaft). Die Frauen sind strebsamer, einfühlsamer, vielseitiger und auch verlässlicher.

Ich bin hier im Ort in einigen Gremien, in denen ich die einzige Frau bin. Es freut mich daher schon sehr, wenn der Aufsichtsrat der Bergbahn einen Brief mit »Sehr geehrte Dame, sehr geehrte Herren« beginnt. In meinem Unternehmen bekommt der Beste oder die Beste den Job, das entscheide ich nicht nach Geschlecht. Im Service nehme ich die Personen, die passen und für die Stellen an der Rezeption bewerben sich fast ausschliesslich Frauen. Auch wenn man in der Küche fast nur Küchenchefs findet, bin ich der Meinung, dass eine Frau das ebenso hervorragend meistern würde.

Haben Sie abschliessend einen Karrieretipp für Frauen?

Frauen sollten von ihren eigenen Fähigkeiten überzeugt sein und sich nicht unterkriegen lassen. Man wächst mit der Aufgabe und das bedingt halt auch, ab und zu ins kalte Wasser zu springen. Und ganz wichtig: Die Zeichen der Zeit erkennen.

Bernd Philipp, 1950

Journalist, Buchautor, Medienberater

Mein Motto:

»Wenn's Ärger regnet, Charme aufspannen.«

LEBENSLAUF

Bernd Philipp ist in Berlin geboren. Er volontierte in Düsseldorf beim Verlag »Welt am Sonnabend« der WAZ-Mediengruppe, war danach als Redakteur der West-Berliner Tageszeitung »BZ« im Ressort Kultur und Fernsehen, als Feuilletonredakteur in der Berlin-Redaktion von »Die Welt«, als Ressortleiter Medien der »Berliner Morgenpost« sowie als Chefreporter und Herausgeber des Sonntagsmagazins »Berliner Illustrirte Zeitung« tätig. Neben Hellmuth Karasek war er unter anderem Mitglied der Autorengruppe für »Die Welt« und »Berliner Morgenpost« (»Berliner Sonntagsspaziergänge« mit Persönlichkeiten aus Kultur, Wirtschaft und Politik). 1981 erschien erstmals seine satirische Wochenkolumne »Lebenslagen«, die bis zu seinem Ausscheiden aus dem Springer Verlag 2011 insgesamt 30 Jahre lang in der Berliner Morgenpost veröffentlicht wurde. Bernd Philipp ist Mitgründer des Kulturförderforums »BoGardBerlin«. Er berät Agenturen, Firmen und Film- und Fernsehproduktionen sowie Autoren und schrieb das Buch zu Artur Brauners Film »Der letzte Zug«. Sein Buch »Die Märchen-Apotheke«, das er mit der Direktorin von »Märchenland«, Silke Fischer, veröffentlicht hat, hat Grimms Märchen als Heilmittel für Kinderseelen zum Thema. Bernd Philipp lebt in Berlin und ist Vater eines Sohnes.

Was fällt Ihnen spontan zum Thema Frauenkarriere und Männerkarriere ein?

Das sollte man wohl aus unterschiedlichen Perspektiven betrachten. Einerseits aus der Zeit, wie es früher einmal war und wie es heute ist, aber auch aus der Sicht von einem Mann oder einer Frau. Ein Mann kann seine geplante Karriere geradliniger durchziehen als eine Frau, die Kinder zur Welt bringt und dadurch aus ihrem Karriereweg herausgerissen wird. Ein erneuter Einstieg ist schwieriger. Da hat die Natur wohl dafür gesorgt, dass es für den Mann einfacher ist. Als Vertreter der Printmedienbranche habe ich noch die Zeiten erlebt, in denen die Herstellung einer Zeitung reine Männersache war. Mit der Zeit gab es Ressortleiterinnen, was damals aber ein sehr mutiger Schritt eines Chefredakteurs war. Dadurch musste er sich sehr vielen Fragen von Verlagsmitarbeitern stellen. Heute sind sehr wohl auch Frauen in der Chefredaktion tätig; zum Teil sicher auch aufgrund von Frauenquoten. Was ich aber noch anmerken möchte: Eine attraktive Frau wurde jeweils von Chefredakteuren gefördert. Dass ein attraktiver Mann von einer Chefredakteurin bis zum Durchstarten gefördert wurde, habe ich noch nie erlebt.

Gab es in Ihrer Laufbahn auch Rückschläge oder Schlüsselerlebnisse?

Ja, das kenne ich natürlich. Erste Rückschläge habe ich schon in der Schule erlebt. Da ich schon immer mehr auf Worte als auf Zahlen ausgerichtet war, fiel mir die Mathematik entsprechend schwer. Auch als es darum ging, was aus dem Jungen einmal werden sollte, erlebte ich Rückschläge. Ich konnte zwar schreiben, hatte aber zwei absolut linke Hände und war zu nichts zu gebrauchen. Später geriet ich öfters an Vorgesetzte, die eindeutig dümmer waren als ich. Es gibt zwei Formen, die für die Führung wichtig sind: Einerseits die fachliche Führung und andererseits die menschliche. Wenn bei Vorgesetzten beides nicht funktioniert, dann kann das für den Unterstellten sehr schwierig sein. Ich erinnere mich an einen Vorgesetzten, der während Gesprächen immer mit seinen Spielzeugpanzern spielte, die er auf seinem Pult hatte. Von solchen Menschen abhängig zu sein, war für mich schon deprimierend. Vor gut 25 Jahren bin ich im Atlantik, in der Nähe von Biarritz, beim Schwimmen von der Strömung aufs Meer hinausgetrieben worden. Das ist eine Gegend, in der es jedes Jahr mehrere Tote gibt, weil sie durch die Strömung aufs Meer hinausgezogen werden. Es ging alles sehr schnell und ich hatte keine Chance an Land zu schwimmen. Meine damalige Freundin erkannte, dass ich ihr nicht bloss zuwinkte, sondern in Lebensgefahr war. Sie alarmierte sofort die Rettungswacht und hat mir damit das Leben gerettet. Ich habe sie geheiratet und sie hat mir dann noch ein weiteres Leben geschenkt, nämlich das unseres gemeinsamen Sohnes Max. Vor drei Jahren starb meine Schwester. Sie war schwer krank und zusammen mit meiner Familie haben wir geschaut, dass sie zu Hause sterben konnte. So wurde ich auf einmal auch Sterbebegleiter und fast zur gleichen Zeit erkrankte auch noch ein lieber Freund von mir an Demenz.

Wie gingen Sie mit diesen Erlebnissen um?

Eine gute Möglichkeit damit umzugehen, sind für mich die Bücher, die ich schreibe. Ausserdem sind das alles Erlebnisse, die mir zeigen, wie endlich das Leben ist. Ich habe angefangen, mich für Menschen zu engagieren, die Hilfe brauchen. Zum Beispiel für Kinder, die von Geburt an Gehirndefizite haben. Ich habe sogar einen Lehrgang besucht, der mir den Umgang mit Demenz- und Parkinsonkranken näherbrachte. Meinen Badeunfall habe ich zuerst einmal verdrängt. Drei Monate später hat mich das Erlebte allerdings eingeholt. Mein Tages- und Nachtrhythmus war weg und ich hatte Ängste. Das war dann so schlimm, dass ich in psychotherapeutische Behandlung musste. Ich kann heute noch nicht im Meer schwimmen.

Man sagt, Männer treten selbstsicherer auf als Frauen. Was denken Sie darüber?

Selbstsicherheit ist aus meiner Sicht etwas, das schon in Kindertagen entsteht. Wer nicht selbstsicher erzogen wird, wird es wohl sein Leben lang nicht sein. Ich hatte einen Freund, der war während der Schulzeit sehr zurückhaltend und unauffällig. Ein Mensch, den man glatt übersehen konnte. Auch heute ist er noch so. Ich weiss nicht, ob es eine Möglichkeit gibt, ihm zu helfen, anders zu werden. Mein Sohn Max hingegen war schon als Kind immer aufrecht, gerade und freundlich und das ist er auch heute. Diese beiden Beispiele bestätigen mir meine These.

Kommen Ihnen im beruflichen oder im privaten Umfeld trotz erfolgreicher Karriere manchmal Selbstzweifel?

Ja, Selbstzweifel kenne ich. Ich habe ja noch auf der Schreibmaschine geschrieben und die Einführung von Computern hat unsere Arbeit auf der Redaktion sehr viel einfacher gemacht. Als es dann aber um die Herstellung einer elektronischen Zeitung ging, bin ich ausgestiegen. Ich zweifelte daran, dass ich das schaffen könnte. Diese Selbstzweifel sind gewachsen, je grösser die technischen Anforderungen wurden. Was Computertechnik angeht, bin ich noch heute ein Pflegefall.

Wie wissen Sie, dass das, was Sie machen, richtig ist?

Ob man etwas richtig macht, weiss man nie. Reaktionen auf Artikel und Bücher, die ich schreibe, sind jedoch Indikatoren. Ich schreibe seit 33 Jahren jede Woche eine Kolumne und durch die Feedbacks weiss ich, dass ich damit vielen Leuten Freude bereite. Es gab auch eine Zeit, in der ich meine heiteren Bücher in verschiedene Spitäler verteilte, um kranken Menschen eine Freude zu bereiten. Auch da erhielt ich viele positive Rückmeldungen.

In Ihrer Position verfügen Sie bestimmt über ein grosses Netzwerk. Wie wichtig ist dies für die Karriere?

Heute ist das wahrscheinlich die Grundlage, um überhaupt Karriere machen zu können. Netzwerke sind ja auch nichts Neues. Während meiner Karriere habe ich mir immer Menschen und deren Namen gemerkt, sie dabei beobachtet, wohin sie gehen und was sie tun. Mit Internet ist das heutzutage natürlich sehr viel leichter.

Wo und wie bauen Sie Ihr Netzwerk auf?

Das ist für mich einfacher als für andere, da ich in den Medien sehr präsent bin. Andere wissen, was ich mache und wo ich bin und das vereinfacht die Sache natürlich. Früher, vor der Internetzeit, las ich als Ressortleiter oder Chefreporter regelmässig alle Tageszeitungen, die regionalen, überregionalen und auch die auswärtigen, und dazu viele Illustrierte. So war ich immer auf dem Laufenden, wer gerade wo war. Das hatte damals denselben Effekt wie heute das Internet mit Facebook. So ist über die Jahre hinweg mein Netzwerk entstanden.

Und wie pflegen Sie diese Beziehungen?

Zum Beispiel über meine Kolumne. Aber ich habe auch sonst ein paar Leute, mit denen ich regelmässig in Kontakt bin. Kontakte halten ist seit jeher etwas vom Wichtigsten. Auch in der Geschichte. Wie hätte die Sissi den Kaiser Franz ohne Kontakte kennen lernen sollen? Auch das war ja im Grunde nichts anderes als Netzwerken.

Welchen Berufswunsch hatten Sie als Kind?

Mit etwa zwölf Jahren wollte ich Sportreporter werden und habe zu Hause einen Tischfussball aufgebaut. Ich stellte alle Berliner Mannschaften von damals auf und loste aus, wer gegen wen spielen musste. Dabei spielte ich jeweils beide Seiten und kommentierte das Spiel. Mit einem Tonband habe ich dann alles aufgenommen, angesteckt durch die Reportage von 1954 zum »Wunder von Bern«.

Wie haben Sie Ihre Karriere geplant?

Meine Karriere hat sich über die Jahre entwickelt. Meine Schwester war damals schon Journalistin und schrieb vor allem für den Bereich Mode. Sie war mein Vorbild und brachte mich zu meiner ersten Story. Wir waren damals eine Gruppe Jugendlicher, die durch Finnland trampten. Nachts auf dem Rückweg auf der Fähre stieg ein DDR-Flüchtling von einem Schlauchboot zu. Da wir uns noch nicht in den Gewässern der Bundesrepublik befanden, musste ihn das finnische Schiff der DDR übergeben. Das alles habe ich mit angesehen und fotografiert. Zu Hause hat meine Schwester mein Fotomaterial der Chefredaktion der »Bild-Zeitung« übergeben, welche diesen Vorfall bestätigen konnte und mich dazu motivierte, eine Story zu schreiben. So hatte ich meine erste Aufmachergeschichte mit 16 Jahren in der »Bild am Sonntag«. Durch meine Schwester bin ich nach und nach in diese Branche hineingewachsen. Bei vielem, was ich gelesen habe, dachte ich: »Das kannst du auch, und zwar noch besser.« Mit dieser Einstellung bin ich bei den verschiedenen Chefredakteuren aufgetreten und habe meine gewünschten Jobs bekommen. Als Gnade empfinde ich es heute, dass ich nie Chefredakteur wurde, weil da viel an Kreativität verloren geht und dafür jede Menge Verwaltungsaufgaben hinzukommen. Das wäre mir ein Gräuel. Da war ich lieber Chefreporter. Mit 55 Jahren hatte ich aber genug davon. Zu dieser Zeit kam der Vater von Alice Brauner, Arthur Brauner, mit dem Film »Der letzte Zug« auf mich zu und ich schrieb das Drehbuch zum Film. Später entstanden dann noch die »Berlin Beweger«, die Fortsetzung der »Berliner Spaziergänge«.

Synergien nutzen bedeutet, die weiblichen und männlichen Stärken zu kennen und die Vorzüge gezielt einzusetzen. Welches sind aus Ihrer Sicht Stärken und Schwächen von Mann und Frau?

Aus meiner Sicht können Frauen besser schreiben. Es gibt heute so viele tolle Autorinnen. Einige Männer haben einen gewissen Hang zur Selbstdarstellung, bringen die Dinge nicht so schnell auf den Punkt. Ich hab das immer und immer wieder in Konferenzen erlebt. Da haben die dann jede Gelegenheit genutzt, sich wichtig zu machen. Das fand ich immer sehr unangenehm. Frauen waren da viel dezenter und auch zielführender. Im Medienbereich gab es damals nicht so viele Frauen, was sich aber im Laufe der Zeit geändert hat. Wohl uns!

Haben Sie abschliessend einen Karrieretipp für Frauen?

Brauchen Frauen überhaupt einen Karrieretipp? Vielleicht höchstens, dass sie dafür sorgen sollen, nach der Geburt eines Kindes wieder an ihren angestammten Platz zurückkehren zu können. Aber bei diesem Thema ist nicht nur der Wille der Frau gefragt, sondern auch die Einstellung der Gesellschaft. Es kann ja nicht sein, dass zum Beispiel eine Wirtschaftsredakteurin nach der Baby-Pause die Leserbrief-Seite betreut...

Germaine J.F. Seewer, 1964

Ein-Stern-General, Chef Personelles der Schweizer Armee, Brigadier

Mein Motto:
»Unser Leben ist die Geschichte unserer Begegnungen«
Anton Kner

Foto: VBS

LEBENSLAUF

Brigadier Germaine J.F. Seewer studierte an der ETH Zürich Chemie und erlangte 1993 den Doktortitel als Dr. sc. nat. ETH. Im Anschluss an ihren Post-Doc-Aufenthalt in Dänemark war sie als wissenschaftliche Mitarbeiterin an der Eidgenössischen Forschungsanstalt für Nutztiere in Posieux (FR) tätig. 1998 trat sie als Fachlehrerin in das damalige Eidgenössische Militärdepartement (EMD) ein, wurde Sektionschef und später Chef Operationen im Kompetenzzentrum SWISSINT. Zwei Auslandeinsätze führten sie mit der Swisscoy in den Kosovo und als UN-Militärbeobachterin nach Afrika. Seewer erlangte 2007 an der Universität Bern berufsbegleitend den Executive Master in Public Administration. Als Milizoffizier kommandierte sie die Luftwaffe Einsatzzentrale Betriebskompanie 13, absolvierte als zweite Frau 2001 die Generalstabsausbildung, war im Einsatzstab Luftwaffe integriert und wurde später Kommandant der Luftwaffe Richtstrahl Abteilung 4. Als Berufsoffizier war sie unter anderem Schulkommandant der Führungsunterstützungsschule 95 in Dübendorf, Chef Ausbildung der Luftwaffe und Stellvertreterin des Chefs Luftwaffenstab. Per 01.01.2013 wurde sie zum Brigadier befördert und übernahm die Funktion Chef Personelles der Armee.

Was fällt Ihnen spontan zum Thema Frauenkarriere und Männerkarriere ein?

Ich denke, dass die Karrieremöglichkeiten für Männer und Frauen gleich sein sollten. Frauen haben heute viele Chancen und Möglichkeiten, müssen diese aber auch nutzen. Dasselbe gilt übrigens auch für die Männer. Wichtig ist, dass es für jede und jeden Einzelnen passt.

Gab es in Ihrer Laufbahn auch Rückschläge oder Schlüsselerlebnisse?

Das gibt es wohl in jeder Karriere. Man könnte sogar das Wort Karriere weglassen und sagen, das gibt es in jedem Leben.

Wie gehen Sie damit um?

Für mich persönlich ist wichtig, nicht an Rückschlägen hängen zu bleiben, sondern zu akzeptieren, dass wir das Rad nicht zurückdrehen können. Es gilt nach vorne zu schauen, die Lehren sowohl aus negativen wie auch positiven Erfahrungen zu ziehen und den Mut zu haben, eingeschlagene Pfade zu verlassen. Das habe ich bereits einige Male getan. Meine Grundhaltung ist offen und flexibel. Wer sich auf etwas versteift, könnte in einer Sackgasse landen. Wer dagegen einen offenen Horizont hat, macht andere Erfahrungen und hat andere Begegnungen. Mein Motto von Anton Kner, »Unser Leben ist die Geschichte unserer Begegnungen«, beschreibt meinen persönlichen Weg sehr treffend. Diese Haltung ist mir auch wichtig im Umgang mit meinen Mitarbeitenden.

Man sagt, Männer treten selbstsicherer auf als Frauen. Was denken Sie darüber?

In Sachen Selbstsicherheit geht es doch Männern und Frauen gleich. Auch Männer können unsicher sein, manchmal sogar unsicherer als Frauen. Aber an unserer Selbstsicherheit können wir arbeiten – oder wie man so schön sagt: »Übung macht den Meister«. Das gilt für Frauen wie für Männer.

Kommen Ihnen im beruflichen oder im privaten Umfeld trotz erfolgreicher Karriere manchmal Selbstzweifel?

Ich würde nicht von Selbstzweifeln reden. Wichtig ist, regelmässig eine persönliche Standortbestimmung zu machen. Das heisst: Ich hinterfrage und reflektiere mein Handeln. Dass ich heute in dieser Funktion bin, ist sicher auch das Resultat dieser persönlichen Reflexionen.

Und wie wissen Sie, dass das, was Sie machen, richtig ist?

Bei öffentlichen Auftritten und Vorträgen spüre ich sehr rasch, ob das Referat den Puls der Zuhörer getroffen hat. Aber auch durch Feedbacks wird mir der Spiegel vorgehalten. Gerade die Feedbacks aus dem privaten Umfeld sind aufgrund der Ehrlichkeit sehr wertvoll. Es ist wichtig, dass wir diese entgegennehmen und uns auch selber immer wieder reflektieren, dadurch erkennen wir, ob wir auf dem richtigen Weg sind.

Wollten Sie schon als Kind zum Militär?

Nein, als Kind wollte ich Lehrerin werden. Wie wahrscheinlich viele Kinder, die genau so werden wollen wie die Lehrerin.

Wie haben Sie Ihre Karriere geplant?

Meine Priorität habe ich zuerst auf die zivile Ausbildung gesetzt, auf mein Studium an der ETH. Da war ich sehr konsequent. Zwei Punkte waren mir damals wichtig: Mein Studium in der kürzest möglichen Zeit zu absolvieren und gleich anschliessend zurück ins Wallis zu kehren. Nach Abschluss meines Studiums haben sich dann aber neue Möglichkeiten ergeben. So verfasste ich meine Dissertation, absolvierte einen Post-Doc-Aufenthalt in Dänemark, ...

Konnten Sie sich vor zehn Jahren vorstellen, einmal die höchste Frau in der Schweizer Armee zu sein?

Ich bin in einem Umfeld aufgewachsen, in welchem der Dienst an der Gesellschaft etwas Selbstverständliches ist. So war der Eintritt ins Militär naheliegend, jedoch nicht mit der Idee verbunden, Karriere zu machen. Auch das hat sich erst im Laufe der Zeit ergeben. Somit konnte ich mir damals nicht vorstellen, einmal die ranghöchste Frau der Schweizer Armee zu sein. Ich hatte aber die Chance, die gleichen Weiterbildungen absolvieren zu dürfen wie die Männer und dementsprechend stehen mir heute auch die gleichen Funktionen offen. Rückblickend kann ich sagen, dass ich im zivilen wie auch im militärischen Umfeld jeweils wohl die richtigen Voraussetzungen, den notwendigen Rucksack für die mir anvertrauten Funktionen mitgebracht, Chancen genutzt und auch das notwendige Glück gehabt habe.

In Ihrer Position verfügen Sie bestimmt über ein grosses Netzwerk. Wo und wie bauen Sie dieses auf?

Mein Netzwerk ist das Abbild meines beruflichen Werdegangs sowie meiner persönlichen Interessen, die sehr vielfältig sind. Ich bin nicht nur militärisch vernetzt. Ich bin beispielsweise in einem geschichtsforschenden Verein und in einigen Stiftungen aktiv. Alle zwei Jahre erlebe ich zudem spannende Begegnungen an der Patrouille des Glaciers, einem internationalen militärischen Skitourenrennen zwischen Zermatt und Verbier (VS), an welchem auch zivile Patrouillen teilnehmen. Auch daraus können wieder interessante Kontakte entstehen.

Militärisch bin ich in der Luftwaffe gross geworden und habe in meinen verschiedenen Lehrgängen die unterschiedlichsten Menschen getroffen. Kaderlehrgänge der Armee finden mehrheitlich zentral statt. Für den Aufbau eines Netzwerks ist das ein enormer Vorteil. So habe ich Menschen aus den unterschiedlichsten Bereichen der Armee kennen gelernt. Menschen, mit denen ich später in verschiedenen Positionen immer wieder zu tun hatte. Und auch in meiner heutigen Funktion ergeben sich viele spannende und wertvolle Begegnungen mit verschiedensten Berufs- und Interessengruppen.

Ein weiteres wertvolles Netzwerk hat sich aus meinem Nachdiplomstudium in Bern ergeben. Darin sind ganz unterschiedliche Tätigkeitsfelder und Menschen aus der öffentlichen Verwaltung vertreten. Mit einigen davon treffe ich mich regelmässig zum spannenden Austausch. Beispielsweise mit einer kantonalen Generalsekretärin, mit einem Veterinär, einem Leiter eines Sportamtes und Verantwortlichen aus dem Bildungswesen.

Ist dieses Netzwerk für die Karriere wichtig?

Netzwerke können hilfreich sein. Mein Kontaktnetz verschafft mir Informationen und Zugang. Wir können uns austauschen und einander helfen oder unterstützen. Für mich ist ein Netzwerk persönlich geprägt. Das kann man nicht erzwingen. Ein Netzwerk alleine um des Netzwerks willen kann man nicht aufbauen. Es braucht eine persönliche Grundhaltung, eine Interaktion. Und die Beziehung zu den Menschen muss gepflegt werden.

Synergien nutzen bedeutet, die weiblichen und männlichen Stärken zu kennen und die Vorzüge gezielt einzusetzen. Welches sind aus Ihrer Sicht Stärken und Schwächen von Mann und Frau?

Wir alle, unabhängig ob Mann oder Frau, haben Stärken und Schwächen und dazu sollen und dürfen wir auch stehen. Wichtig ist, dass wir in uns gehen und versuchen, unsere Stärken und Schwächen zu erkennen und uns so geben, wie wir sind. Von mir selber weiss ich, dass ich in gewissen Dingen sehr gut bin und in anderen dafür weniger. Bei meinen Mitarbeitenden ist es mir wichtig, dass die richtige Person an die richtige Stelle kommt. So sind Sozialkompetenzen, Qualifikationen und der Rucksack einer Person für mich massgebende Auswahlkriterien.

Haben Sie abschliessend einen Karrieretipp für Frauen?

Sich selber bleiben, offen sein, den Mut haben, Chancen zu packen und Herausforderungen anzunehmen. Aus meiner Sicht ist es wichtig, dass die Frauen grundsätzlich dieselben Karrieremöglichkeiten haben wie die Männer und ich denke, dass wir in unserer Gesellschaft heute so weit sind. Aber es nützt nichts, nur die Möglichkeiten zu haben. Wir alle müssen den Schritt auch machen und die Möglichkeiten wahrnehmen. Und dafür ist jede Frau – und auch jeder Mann – selber verantwortlich.

Axel Naglich, 1968
Extremsportler/Stuntman bei Red Bull
Selbständiger Architekt

Mein Motto:
»Gib jedem Tag die Chance, der schönste in deinem Leben zu werden.«
Mark Twain

LEBENSLAUF
Axel Naglich ist Extremskifahrer, Filmemacher und Architekt. Er hat ein abgeschlossenes Architekturstudium und ist heute Mitinhaber des Kitzbüheler Architekturbüros a2. Neben seinem Studium führte er eine Sportmarketing- und Eventagentur und organisierte verschiedene Sportveranstaltungen in den Bereichen Speedski, Skicross, Drachenfliegen und Beachvolleyball. Bereits als Teenager fuhr er klassische Skirennen ehe er sich Mitte der 1990er Jahre dem Thema Freeski und Skicross zuwandte. Naglich hat an U.S. Pro-Ski Tour-, Skicross- und Big Mountain-Wettkämpfen sowie Extremski-Bewerben teilgenommen. Auf der ganzen Welt war er bei vielen Ski- und Berg-Expeditionen dabei. Er hat mehrere Foto- und Filmproduktionen zu diesem Thema verwirklicht, unter anderem die Erstabfahrt des Mount St. Elias (Alaska, USA) mit dem gleichnamigen Film. Naglich ist verheiratet, Vater zweier Söhne und lebt in Kitzbühel, Österreich.

Was fällt Ihnen spontan zum Thema Frauenkarriere und Männerkarriere ein?

Da kommt mir spontan in den Sinn, dass Frauen biologisch gesehen »die Arschkarte gezogen haben«. Eine Karriere zusammen mit Kindern geht kaum. Es gibt Beispiele, die zum Funktionieren gebracht wurden, aber in Wahrheit geht das nicht, denn Kinder brauchen ihre Mutter mehr als ihren Vater und eine Karriere braucht ebenso einen hundertprozentigen Einsatz. Das ist nun mal eine Ausgangsposition, die niemand ändern kann. Wer als Frau die Karriere als Ziel hat, sollte sich das mit den Kindern gut überlegen.

Gab es in Ihrer Laufbahn auch Rückschläge oder Schlüsselerlebnisse?

Ja bestimmt, jede Menge. Meine Laufbahn als Extremsportler hatte den grossen Vorteil, dass dies für mich mehr Hobby war. Nach einer sehr erfolgreichen Skicross-Saison habe ich im Jahr darauf – ausgestattet mit neuen Sponsoren und lukrativen Verträgen – die Latte für mich sehr hoch gelegt. Was folgte war eine völlig verkorkste Saison mit Materialproblemen bei Ski und Schuh, Verletzungspech, sinnlosem Risiko und einigen weiteren, schlechten Entscheidungen. Der Druck wurde von Rennen zu Rennen grösser, der Erfolg blieb aus, die ganze Saison war dahin. Ich habe keine zählbaren Ergebnisse erzielt.

Wie gehen Sie damit um?

Da muss man ehrlich zu sich selber sein und schauen, woran es wirklich liegt. Wenn ich sehe, dass da zehn Probleme sind, dann muss ich diese Schritt für Schritt abarbeiten und die Dinge wieder in den Griff bekommen. Nach einem sportlichen Misserfolg bin ich immer sehr grantig. Zum Glück gibt sich das dann aber relativ schnell wieder. Wenn ich irgendeinen Fehler mache, auch beruflich, dann versuche ich besser heute als morgen alles wieder in den Griff zu bekommen. Ich bin erst dann beruhigt, wenn ich wieder dort bin, wo ich vor dem Fehler war.

Man sagt, Männer treten selbstsicherer auf als Frauen. Was denken Sie darüber?

Ich bin kein Grossmeister des Selbstbewusstseins. Ich kenne mich ja ein bisschen und ich hinterfrage mich dauernd und zweifle auch an mir. Ich überlege mir durch alle Lebensbereiche hindurch gut, was ich tue und was nicht. Mir ist es egal, ob andere meine Entscheidungen nachvollziehen können oder nicht. Es muss für mich passen. Ich bin da ein recht rigoroser Mensch.

Kommen Ihnen im beruflichen oder im privaten Umfeld trotz erfolgreicher Karriere manchmal Selbstzweifel?

Wenn ich Selbstzweifel habe, dann lege ich die Fakten auf den Tisch und versuche, sie zu analysieren. Was spricht dafür, was dagegen, ohne Schönfärberei und dann entscheide ich. Klar gibt es Dinge, die ich gerne hätte. Sehr oft akzeptiere ich aber den Preis nicht, den ich dafür zahlen müsste und verzichte darauf zugunsten anderer Dinge. Und es gibt natürlich viele grundsätzliche Dinge, die man nicht ändern kann. Jetzt kann ich ein Leben lang damit hadern oder sie akzeptieren. Das macht mich nicht verrückt. Ich habe die Charaktereigenschaft, sehr direkt zu sein. Ich werde nie ein grosser Diplomat, mir brennt es zu sehr auf der Zunge, wenn mir etwas stinkt. Ergo: Axel wird kein Diplomat – so what!

Und wie wissen Sie, dass das, was Sie machen, richtig ist?

Ich weiss nicht immer, ob das, was ich tue, richtig ist. In meinen Überlegungen habe ich viele Argumente zum Entscheiden und manchmal muss man es auch einfach spüren. Es ist so eine Mischung aus Gefühl und Verstand. Auf mein Bauchgefühl höre ich vor allem im Beruf, im Sport eher nicht. Beruflich zum Beispiel spüre ich bei einem Neukunden sofort, ob die Chemie passt oder nicht. Im Sport ist es so, dass ich die Entscheidungen bereits unten am Berg getroffen haben muss und nicht erst oben. Risiken und ungute Gefühle muss ich vorher genau abchecken, denn oben, wenn ich den Hang hinunterschaue, liegen die Nerven sowieso blank. Wenn jede Faser deines Körpers »Nein, fahr nicht« schreit, dann kann kein Bauchgefühl mehr entscheiden. In diesen Momenten nahe der Panik hilft tiefes Ausatmen, denn so lösen sich zwangsläufig Anspannungen. Das hilft übrigens auch im täglichen Leben.

Was wollten Sie als Kind werden?

Ich wollte schon als Bub Architekt werden. Gereizt haben mich aber auch Handwerksberufe wie Tischler oder Goldschmied. Das Handwerkliche fasziniert mich bis heute, beim »Rumbasteln« vergesse ich Zeit und Raum. Ich wollte an die HTL (höhere technische Lehranstalt) gehen. Das ist eine fünfjährige technische Schulausbildung mit Matura und technischem Abschluss ab der 9. Schulstufe. Aber meine Mutter war dagegen, weil die Entfernung zur Schule einen Internatsaufenthalt erfordert hätte und sie Allgemeinbildung für wichtiger erachtete und davon habe ich mich dann überzeugen lassen. Anschliessend folgte das obligatorische Bundesheer und danach begann ich, Architektur zu studieren. Ohne zu wissen, was man als Architekt so ganz genau im Detail macht.

Wie haben Sie Ihre Karriere geplant?

Das ganze sportliche Thema war überhaupt nicht geplant. Angefangen hat es damit, dass ich als Vorläufer beim Hahnenkammrennen die Streif fahren wollte. Die Verantwortlichen haben dies jedoch mangels Abfahrtserfahrung verhindert. Also beschloss ich, die Abfahrtsrennen in der Umgebung zu bestreiten und wurde dann mit wenigen Jahren Verzögerung Vorläufer und das rund elf Jahre lang. Eines Tages haben mein bester Freund und ich in der Zeitung über das 24-Stunden-Skirennen in Aspen gelesen und da haben wir uns einfach angemeldet. Pro Nation war nur ein Team startberechtigt und nur aufgrund einiger Zufälle bekamen wir den Startplatz für Österreich. Es kamen natürlich einige Kosten auf uns zu, wollten wir doch einen kompletten Betreuerstab nach Amerika mitnehmen und so mussten wir einen Sponsor finden. Mein Freund verbrachte den Sommer wie immer bei seinen Grosseltern in Fuschl am See, wo damals auch Dietrich Mateschitz, der Gründer von Red Bull, wohnte, womit ein Anknüpfungspunkt gegeben war. Wir haben mit ihm einen Termin vereinbart und ihm von unserem Projekt und dem damit verbundenen Finanzbedarf erzählt. Er reagierte darauf so, wie ich ihn bis heute kenne: »Ich gebe euch das Dreifache an Geld und dafür machen wir etwas Ordentliches draus!«. Und wir haben etwas Ordentliches draus gemacht! So wurde Red Bull zu unserem beziehungsweise meinem Sponsor und meine Karriere als Extremsportler entwickelte sich Schritt für Schritt.

In Ihrer Position verfügen Sie bestimmt über ein grosses Netzwerk. Wo und wie bauen Sie dieses auf und ist es wichtig für die Karriere?

Ja, ich habe ein grosses Netzwerk und mache auch Gebrauch davon. So gesehen bin ich ein Freund der »Freunderlwirtschaft«, weil ich genau weiss, was ich bekomme und was nicht. Die Faktenlage ist relativ klar. Um ein Netzwerk aufzubauen, muss man ein geselliger Mensch sein, der von seiner Art her Interesse an Menschen hat. Das ist bei mir der Fall. Ich pflege mein Netzwerk, weil mir die Menschen wichtig sind und nicht weil ich zwanghaft ein Netzwerk aufbauen muss. Ich pflege mit Menschen, die mir im engeren oder weiteren Sinn wichtig sind, relativ regelmässigen Kontakt. Das funktioniert aber auch umgekehrt, denn meine Freunde machen das genau gleich, sonst wären es einfach nicht meine Freunde. Mein Netzwerk im Extremsport mit Sponsoren und Ausrüsterfirmen habe ich mir ebenfalls über die Jahre aufgebaut. Mein Bekanntenkreis ist entsprechend gross, aber gute Freunde habe ich trotzdem, wie wahrscheinlich fast jeder Mensch, nur vier oder fünf.

Synergien nutzen bedeutet, die weiblichen und männlichen Stärken zu kennen und die Vorzüge gezielt einzusetzen. Welches sind aus Ihrer Sicht Stärken und Schwächen von Mann und Frau?

Über all die Jahre habe ich nur vereinzelt intensiver mit Frauen zusammengearbeitet. Es gibt weniger Frauen als Männer, die Leistungssport betreiben und noch viel weniger, die Extremsport machen. Wenn eine Frau aber sportlich ist und dazu noch gut ausschaut, dann kann sie unglaublich viel Erfolg haben. Das Aussehen ist besonders bei Frauen nicht ganz unbedeutend, das ist bis zu einem gewissen Grad sehr hilfreich und rundet das Paket sehr gut ab. Eine Frau sollte sich nicht scheuen, davon Gebrauch zu machen, denn sie ist ohnehin in anderen Belangen des Berufslebens dem Mann gegenüber benachteiligt.
Grundsätzlich denke ich, dass Frauen den besseren Umgang mit Menschen haben, sensibler und einfühlsamer sind, während Män-

ner die nüchterne Analyse besser hinbekommen und weniger anfällig sind für den klassischen Zickenkrieg.

Haben Sie abschliessend einen Karrieretipp für Frauen?

Da gibt es nur einen Tipp, der jedoch meines Erachtens für Mann wie Frau anwendbar ist: Überlege dir, was du willst und was nicht. Wenn du selber nicht darauf kommst, frag dein näheres Umfeld mit der Betonung auf klare, ehrliche Ansagen ohne Schönfärberei. Ein ehrlicher Umgang mit Fakten ist entscheidend. Wenn du weisst, was du willst, dann tu es, zieh es durch! Dinge, an die man glaubt, sind zwangsläufig von Erfolg gekrönt, wenn der Einsatz stimmt!

Gabrielle Ritter, 1961

CMD A330/A340 Swiss International Airlines
Erste Co-Pilotin und erste Captain bei der Swissair, heute Swiss

Mein Motto:

»If you can dream it, you can do it!«
Walt Disney

LEBENSLAUF

Schon früh wollte Gabrielle Ritter Pilotin werden und hielt Ausschau nach Ausbildungs- und Karrieremöglichkeiten in der Luftfahrt. Als Frau war es ihr bei der Swissair jedoch noch nicht gestattet, als Piloten-Anwärterin einzusteigen. Ritter erhielt aber nach ihrem Mittelschulabschluss die Möglichkeit, bei der damaligen Radio Schweiz AG die dreieinhalbjährige Ausbildung zur Flugverkehrsleiterin zu absolvieren. Dies beinhaltete auch den Erwerb des Privatpilotenscheins. Gleich nach der Aufnahme ihrer Tätigkeit als Air Traffic Controller in Genf wurde die Regelung für die Zulassung der Frauen in der Pilotenausbildung geändert. Somit konnte sie das Piloten-Selektionsverfahren der schweizerischen Luftverkehrsschule durchlaufen. 1985 startete Ritter als erste Frau ihre Ausbildung zur Swissair-Pilotin. Zwei Jahre später begann sie als Co-Pilotin einer MD-80 auf Europastrecken zu fliegen. Von 1991 bis 1998 war sie Co-Pilotin einer MD-11 auf dem Langstrecken-Netz und nach erfolgreichem Upgrading flog sie ab 1998 als Captain auf der Airbus A320-Flotte. Zwischen 2002 und 2004 war sie – wie auch heute wieder – Langstrecken-Commander auf dem Airbus A330 und A340. Ritter ist verheiratet und lebt im Raum Schaffhausen.

Was fällt Ihnen spontan zum Thema Frauenkarriere und Männerkarriere ein?

Für mich gibt es keine Unterschiede zwischen Frauen- und Männerkarrieren. Es kann sein, dass ein Mann seine Karriere mehr plant und diese darum gradliniger verläuft, während die Karriere einer Frau eher Unterbrüche aufweist.

Gab es in Ihrer Laufbahn auch Rückschläge oder Schlüsselerlebnisse?

Nein, meine Karriere ist recht gradlinig verlaufen. Vielleicht hat das auch etwas mit mir selber zu tun. Ich habe ein sehr grosses Urvertrauen und glaube, dass das, was kommt, schon richtig ist. Ich bin ein sehr geerdeter Mensch. Privat habe ich hingegen den einen oder anderen Rückschlag erlebt. Ich war verheiratet und habe meinen Mann an Krebs verloren. Das war eine Zeit, in der ich wütend war und stark mit dem Schicksal haderte. Aber trotz allem bin ich nie in ein Loch gefallen.

Wie haben Sie das geschafft?

Indem ich immer nach vorne schaute. Ich hatte das Glück, nach dem Tod meines ersten Mannes nochmals einen wunderbaren Mann kennen zu lernen und bin nun wieder glücklich verheiratet. Es ist nicht selbstverständlich, dies ein zweites Mal erleben zu dürfen.

Man sagt, Männer treten selbstsicherer auf als Frauen. Was denken Sie darüber?

Ja, das denke ich auch. Wir Frauen nehmen uns oftmals mehr zurück und ich glaube, dass wir dieses »Imponieren-Wollen« etwas weniger kennen.

Kommen Ihnen im beruflichen oder im privaten Umfeld trotz erfolgreicher Karriere manchmal Selbstzweifel?

Selbstzweifel sind mir eigentlich fremd. Natürlich ist es wichtig, immer wieder an sich zu arbeiten, die eigenen Verhaltensweisen zu analysieren und dazuzulernen. Wir Piloten werden immer wieder mit Situationen konfrontiert, in welchen wir sehr schnell und spontan entscheiden müssen. Es bleibt oft nicht genügend Zeit, um alle Möglichkeiten zu erörtern, in Ruhe darüber nachzudenken, komplexe Strategien auszuarbeiten oder gar eine Nacht darüber zu schlafen. Auf diese Situationen werden wir entsprechend sorgfältig trainiert. Nur mit einem profunden Wissen und langjähriger Erfahrung ist man in Drucksituation nicht überfordert.

Und wie wissen Sie, dass das, was Sie machen, richtig ist?

Meist machen wir zu einem späteren Zeitpunkt ein Debriefing, um zu analysieren, was abgelaufen ist und was man anders oder besser hätte tun können. Ganz allgemein kommt auch hier wieder mein Urvertrauen ins Spiel und mit Sicherheit spielt auch meine lange Berufserfahrung eine Rolle. Zudem höre ich viel auf mein Bauchgefühl, was ich als wesentlich empfinde. Vielleicht ist das etwas, was Männer weniger tun. Sie sind vermutlich eher konfrontativ und rational veranlagt. Frauen sind in ihrer Art vermutlich etwas ehrlicher und machen sich dadurch verwundbarer. Eine Frau gibt eher zu, wenn sie etwas falsch gemacht hat und bietet dadurch mehr Angriffsfläche.

Wollten Sie schon als Kind Pilotin werden?

Ja, ich wollte schon immer fliegen, zuerst als Air Hostess. In meiner Kindheit las ich viele Bücher vom inzwischen verstorbenen Jugendbuchautor Ernst Kappeler. In seinen Büchern »Flug Fernost« und »Piloten« porträtierte er verschiedene Besatzungsmitglieder, was mich völlig faszinierte. So entdeckte ich, dass ich die Welt der Piloten als viel spannender empfand als die Arbeit in der Kabine. Von da an wollte ich unbedingt ins Cockpit.

Wie haben Sie Ihre Karriere geplant?

In meinem Austauschjahr an einer High School in Amerika war eines meiner Schulfächer Aviation. Nach Abschluss der Mittelschule wurde ich erst einmal Fluglotsin. Als dann die Swissair Frauen für die Pilotenausbildung zuliess, habe ich mich sofort beworben. Mein Hintergrundwissen als Fluglotsin hat mir als Pilotin sehr geholfen. Die erste Pilotin zu sein, war dann schon ein spezielles Erlebnis. Damals gab es zum Beispiel auf dem Lernflugplatz keine Damengarderobe. Ich musste mich im Büro des Cheffluglehrers umziehen. Und vor meinem ersten Einsatz auf Streckenflügen entwarf Ruth Grüninger von Pink Flamingo eine Uniform speziell für mich, da es noch keine Pilotinnen-Uniform gab.

Konnten Sie sich vor zehn Jahren vorstellen, einmal Captain bei der Swiss zu sein?

Ja, aufgrund der Senioritätsliste. Man rutscht automatisch einen Karriere-Schritt weiter, immer vorausgesetzt man besteht die Prüfungen.

In Ihrer Position verfügen Sie bestimmt über ein grosses Netzwerk. Ist dieses Netzwerk für Ihre Karriere wichtig?

Nein, für mich als Flugkapitänin ist dies nicht wirklich wichtig. Klar, wer innerhalb der Firma weitere Positionen erreichen möchten, hat mit einem guten Netzwerk Vorteile. Aber das Spezielle an der Pilotenkarriere ist die sogenannte Senioritätsliste, welche die Karriere innerhalb der Firma regelt. Umschulungen und Beförderungen erfolgen nach dieser Liste. Dadurch wird das »Ellbögeln« verhindert und nicht nur die Lautesten und Mutigsten kommen vorwärts.

Synergien nutzen bedeutet, die weiblichen und männlichen Stärken zu kennen und die Vorzüge gezielt einzusetzen. Welches sind aus Ihrer Sicht Stärken und Schwächen von Mann und Frau?

Als Frau ist man vielleicht etwas empathischer und kann sich leichter in eine andere Person hineinversetzen. Männer sind dafür zielstrebiger. Im Gegensatz dazu haben wir Frauen oftmals den Eindruck, alles erledigen zu müssen.

Können Sie mir ein Beispiel nennen, wie Sie Ihre weiblichen Stärken gezielt einsetzen?

Als Frau schaffe ich es vielleicht ein bisschen besser, das Potenzial meiner Mitarbeiter auszuschöpfen. Auch wenn die Bandbreite dazu oft eingeschränkt ist, da viele Aufgabenbereiche stark definiert sind.

Haben Sie abschliessend einen Karrieretipp für Frauen?

Frauen sollten ihr Selbstvertrauen noch etwas mehr zeigen. Sie dürfen sich bewusst sein, dass Männer immer mal wieder angeben. Wenn man beispielsweise einen Mann nach seinen Englischkenntnissen fragt, sagt er wahrscheinlich »gut«, auch wenn er gerade erst mit einem Englischkurs begonnen hat. Eine Frau erklärt bei der gleichen Frage, dass sie sich noch verbessern könne, obwohl sie vielleicht gerade das Proficiency abgeschlossen hat.

Prof. Urs Fueglistaller, 1961
Professor für KMU-Unternehmensführung an der HSG St. Gallen

Mein Motto:
»Das Konkrete bedingt das Filigrane. Der Mensch braucht Strukturen und auch das Feine, Leise, Herzerwärmende.«

LEBENSLAUF
Urs Fueglistaller wuchs in Herisau auf und schloss 1987 an der Universität St. Gallen (HSG) sein Studium mit Vertiefung »Bankwirtschaft« ab. Anschliessend trat er ins KMU-Institut ein. Berufsbegleitend wurde er 1993 in Cottbus promoviert und 2001 an der Universität St. Gallen habilitiert. Heute ist Fueglistaller an der Universität St. Gallen Professor für Unternehmensführung mit Schwerpunkt KMU und Direktor am KMU-HSG. Er ist verheiratet und Vater von zwei erwachsenen Söhnen.

Was fällt Ihnen spontan zum Thema Frauenkarriere und Männerkarriere ein?

Spontan würde ich sagen: Gleichheit. Klar sind rein körperlich Unterschiede da, aber aus Sicht der HSG und bezogen auf die Karriere sehe ich die gleiche Ausgangslage und den gleichen Grundtenor. Als Institutsleiter kann ich sagen, dass Frauen ebenfalls ein grosses Potenzial haben, um Karriere zu machen. Zu Hause haben sie vielleicht eine Familie mit Kindern und einen ebenfalls beruflich engagierten Mann. Dennoch bringen sie alles unter einen Hut. Es ist mir erst in den letzten paar Jahren so richtig bewusst geworden, was diese Frauen leisten und was für ein »Versöhnungsmanagement« hier nötig ist. Wer als Frau entsprechende Leistungen nachweisen kann, hat gerade im internationalen Umfeld, in der Akademie und Forschung, bessere Chancen als Männer. Dies sicher auch aufgrund des politischen Druckes auf Universitäten und Fachhochschulen, welche eine entsprechende Frauenquote aufzeigen müssen. In der Wirtschaft sind viele Branchen männerdominiert, gerade die Bauindustrie und die handwerklichen Branchen, welche hauptsächlich von Männern geführt werden. Aus meiner Sicht sind Männer mehr unternehmerisch- und Frauen mehr dienstleistungsorientiert. In unserem Masterlehrgang für Marketing ist aber eine spannende Entwicklung beobachtbar: Der Frauenanteil ist heute höher als derjenige der Männer. Vor 20 Jahren wäre das noch undenkbar gewesen. Als ich vor 30 Jahren an der HSG studiert hatte, war der Frauenanteil bei zehn bis fünfzehn Prozent. Da hat sich sehr viel geändert. Die Frauen sind sich heute bewusst, dass sie trotzdem Familie haben und ihre Karriere später fortsetzen können.

Gab es in Ihrer Laufbahn auch Rückschläge oder Schlüsselerlebnisse?

Ja sicher. Es gibt einen schönen Ausdruck von Daniel Goeudevert: »Wer kriecht, stolpert nicht«. Rückschläge gehören dazu. Ich erinnere mich an eine nicht bestandene Prüfung oder daran, dass ich in jungen Jahren aufgrund gesundheitlicher Probleme ein halbes Jahr ausgefallen bin. In meinen Vorlesungen arbeite ich mit einer Metapher. Ich frage meine Studentinnen und Studenten nach der Bedeutung von »Unternehmertum«, stolpere dabei und falle physisch der Länge nach hin. Dann stehe ich wieder auf und sage: »Das ist Unternehmertum. Unternehmertum heisst auch umfallen und lernen, mit Stolpersteinen umzugehen.« Mein letzter grosser Stolperstein war im Jahr 2010. Damals hatte ich mein Sabbatical unterbrochen und wollte zurück an die HSG, denn wir hatten eine Krisensituation, wie wir sie an der HSG noch nie hatte. Der Weiterbildungsmarkt war eingebrochen und wir mussten gegenüber dem Rektor und unserem Verwaltungsrat erklären, warum wir im 2010 mit unserem Studienangebot nicht erfolgreich waren. Dies war ein herber Rückschlag und ich brauchte einige Zeit, um diesen verarbeiten zu können.

Wie verarbeiten Sie einen solchen Rückschlag?

Mit der tiefen Zuversicht, dass solche Rückschläge zum Leben gehören und man diese überwinden und wieder aufstehen kann. Hier hilft sicher auch die Unterstützung eines Freundes oder des Ehepartners.

Man sagt, Männer treten selbstsicherer auf als Frauen. Was denken Sie darüber?

Ich kenne sehr viele selbstbewusste Frauen und auch Männer, die Selbstzweifel haben oder unsicher sind. Für den Beobachter sieht es vielleicht eher nach einem Machogehabe aus. Möglicherweise handelt es sich aber auch einfach um einen Schutzmechanismus.

Kommen Ihnen im beruflichen oder im privaten Umfeld trotz erfolgreicher Karriere manchmal Selbstzweifel?

Natürlich. Selbstzweifel bringen mich weiter und spornen mich an, in eine reflexive Wahrnehmung zu treten. Wahrnehmen heisst für mich einerseits beobachten, wie ich selber wirke, andererseits versuchen, mich ins Gegenüber zu versetzen. Ich mache das manchmal zur Vorbereitung auf ein schwieriges Gespräch. Ich setze mich zuerst auf meinen Stuhl und überlege mir meine Argumente. Dann stehe ich auf, setze mich auf den anderen Stuhl und überlege mir, welche Argumente mein Kontrahent, ein fordernder Kunde oder einer meiner Studenten, haben könnte. Diese Übung gibt mir Sicherheit und ist sehr oft hilfreich. Selbstzweifel sollten in einem gesunden Mass immer vorhanden sein. Sie lassen uns achtsamer und bewusster sein. Auf der anderen Seite gibt es auch schlimme Selbstzweifel. Solche, die eine Krise oder ein Burnout auslösen können. Das erleben wir an der Uni auch. Aus meiner Sicht ist hier professionelle Hilfe nötig. Ich gehe mit einem guten Freund, der Coach ist, wandern. Das ist für uns zum Ritual geworden. Dabei sprechen wir weniger über Probleme oder Selbstzweifel, sondern vielmehr über »Gott und die Welt«. Das empfinde ich als enorm hilfreich und wertvoll. Schon alleine das Wandern in der Natur tut enorm gut und dabei entstehen neue, gute Gedanken und Ideen.

Und wie wissen Sie, dass das, was Sie machen, richtig ist?

Wir pflegen an der HSG eine Feedbackkultur und machen Analysen über die Kundenzufriedenheit. Dadurch erhalten wir Informationen, die uns zeigen, ob wir auf dem richtigen Weg sind. Als Unternehmer oder Führungsperson braucht es auch eine gewisse Portion Selbstsicherheit, um sagen zu können: »Das ist jetzt so, das machen wir so und das ist auch richtig so«. Dieser Optimismus darf durchaus auch ausgesprochen werden, denn er überträgt sich auf das Gegenüber. Das Wissen, etwas richtig zu machen, ist eigentlich gleichzeitig ein Versprechen an sich selber, es gut zu machen.

Was wollten Sie als Kind werden?

Papa oder Opa. Als kleiner Junge hatte ich keine Berufsbilder vor Augen, sondern Menschenbilder. Später wollte ich Zahnarzt werden und habe das dummerweise meinen Eltern erzählt. Diese haben sofort angefangen, alles darauf auszurichten. Ich habe sogar mit einem Medizinstudium angefangen, was ein grosser Fehler war. Ich konnte kein Latein, fühlte mich nicht wohl und musste im ersten Semester Leichen sezieren. Diese Erfahrungen gehörten sicher zu meinen Stolpersteinen.

Wie haben Sie Ihre Karriere geplant?

Mein eigentliches Studium, das der Betriebswirtschaft, begann ich an der HSG. Doktoriert habe ich in Deutschland, habilitiert später in St. Gallen. Einige Zeit lang hatte ich eine Professur in Berlin, war aber gleichzeitig immer noch an der HSG im KMU-Institut tätig. In meinem Berufsalltag spreche ich viel über Veränderungsmanagement und über Change Management. Selber bin ich aber ein Sesselhocker. Meine These lautet: »Diejenigen, die in einem Unternehmen bleiben, sind die, die all die initiierten Änderungen auch umsetzen müssen. Wer also einen Change Manager sucht, muss einen wählen, der schon länger in der Firma ist.«

Konnten Sie sich vor zehn Jahren vorstellen, einmal den Lehrstuhl für KMU an der HSG zu haben?

Nein, das konnte ich mir nicht vorstellen. Aber heute bin ich überzeugt, dass es für mich nichts Schöneres gibt, als diesen Lehrstuhl inne zu haben.

In Ihrer Position verfügen Sie bestimmt über ein grosses Netzwerk. Wo und wie bauen Sie dieses auf?

An der Uni St. Gallen gibt es das isc-Studententeam, welches jedes Jahr das St. Galler Symposium, das sogenannte »St. Galler WEF«, organisiert. Dieses Netzwerk wird durch eine gewaltige Schaffenskraft dieser Studentinnen und Studenten genährt. Teilweise arbeiten sie zwei, drei Jahre lang nur für dieses Netzwerk, ohne dafür einen Lohn zu erhalten. Wer so viel in ein Netzwerk investiert, darf auch davon profitieren. Die Studenten dürfen somit Wirtschaftskapitäne für ein Empfehlungsschreiben anschreiben. Übrigens ist auch Dr. Johansson, welcher für dieses Buch ebenfalls ein Interview gegeben hat, Teil dieses Netzwerkes. Ein Netzwerk sollte nicht nur aus Gleichgesinnten bestehen, da die Gefahr besteht, dass es so ermattet. In der Netzwerktheorie spricht man von sogenannten »Systemischen Löchern«. Wer aber ein Netzwerk pflegt und versucht, auch immer wieder unterschiedlichste Personen in dieses Netzwerk zu holen, fördert damit neue und interessante Impulse.

Ist dieses Netzwerk für die Karriere wichtig?

Ein Netzwerk, in welches ich nichts einbringen kann, nützt mir nichts. Für die Karriere ist ein Netzwerk nur dann sinnvoll oder nützlich, wenn man auch etwas einbringt und gemeinsame Geschichten erlebt. Man merkt schnell, ob jemand nur dabei ist, um zu profitieren oder ob er auch bereit ist, etwas zu geben. Wer beispielsweise Rotarier wird und denkt, er komme dadurch schnell zu neuen Kunden, wird erkennen, dass dies nicht funktioniert. Das Geben und das Nehmen müssen im Gleichgewicht sein.

Synergien nutzen bedeutet, die weiblichen und männlichen Stärken zu kennen und die Vorzüge gezielt einzusetzen. Welches sind aus Ihrer Sicht Stärken und Schwächen von Mann und Frau?

Wenn ich in einem gemischten Team oder mit einer Unternehmerin arbeite, dann spüre ich die weibliche Herzlichkeit und ihr sensibilisiertes Wissen, was ein Kunde möchte oder wie sich ein Markt noch entwickeln könnte. Ein Mann macht sich vielleicht eher Gedanken über Bedeutung, Kosten und Umsatzgenerierung. Wenn die weiblichen und männlichen Eigenschaften sich aber ergänzen, dann wird dieses Team unschlagbar. Darum regen wir an der HSG gemischte Teams an. Es gibt einige KMU, in denen Paare arbeiten. Wenn beide ihre Stärken bewusst einsetzen, auf gleicher Augenhöhe sind und es ihnen als Paar gelingt, gemeinsam aufzutreten, als Chef und Chefin, dann haben sie aus meiner Sicht wirklich gute Voraussetzungen.

Haben Sie abschliessend einen Karrieretipp für Frauen?

Von mir aus gesehen stehen die Türen für die Frauen weit offen. Auch an Fachhochschulen und Universitäten. Mein Tipp an die Frau ist, die Gunst der Stunde zu nutzen, denn sehr viele Institutionen sind frauen- und nicht quotenorientiert. Eine Frau soll zu sich stehen und versuchen, ihre weiblichen Eigenschaften in den Berufsalltag einzubringen. Sie soll im entsprechenden Moment Härte zeigen, aber zu sich als Frau stehen und nicht das Gefühl haben, sie müsse eine Krawatte anziehen und sich wie ein Mann verhalten.

Quellenangaben

Eure Quote brauch ich nicht

1 Bundeskanzleramt Österreich (2014). http://www.bka.gv.at/site/5548/default.aspx, 21.08.2014

2 Institut für Menschenrechte (2014). http://www.institut-fuer-menschenrechte.de/menschenrechtsinstrumente/vereinte-nationen/menschenrechtsabkommen/frauenrechtskonvention-cedaw.html#c1624, 21.08.2014

3 Human Rights (2014). http://www.humanrights.ch/de/Schweiz/Inneres/Frau-Mann/CEDAW/idart_9472-content.html, 03.04.2014

4 Zeit (2014). http://www.zeit.de/politik/deutschland/2014-03/frauenquote-aufsichtsraete-schwesig-maas, 21.08.2014

5 Basellandschaftliche Zeitung (2014). http://www.basellandschaftlichezeitung.ch/basel/basel-stadt/basler-parlament-will-frauenquote-fuer-kantons-verwaltungsraete-127188368, 21.08.2014

6 Bundeskanzleramt Österreich (2014). http://www.bka.gv.at/site/6868/default.aspx, 21.08.2014

7 Zeit (2014). http://www.zeit.de/karriere/2013-11/eu-parlament-frauenquote, 21.08.2014

8 Tagesanzeiger (2014). http://www.tagesanzeiger.ch/wirtschaft/konjunktur/Maenner-blocken-Frauenquote-ab/story/19310441?dossier_id=866, 22.08.2014

9 Statistik Austria (2014). http://www.statistik.at/web_de/statistiken/soziales/gender-statistik/demographie/index.html, 22.08.2014

10 Statista (2014). http://de.statista.com/themen/1775/frauen-in-deutschland/, 22.08.2014

11 ORF Wien (2014). http://wien.orf.at/news/stories/2661673/, 22.08.2014

12 Tagesanzeiger (2014). http://www.tagesanzeiger.ch/wirtschaft/unternehmen-und-konjunktur/Mehr-ManagerFrauen-fuer-Post-SBB--Co/story/13164633, 22.08.2014

Kapitel 1: Loslassen

1 Duden (2014). http://www.duden.de/rechtschreibung/Rueckschlag, 22.08.2014

2 Kurt Tepperwein, »Loslassen, was nicht glücklich macht«, mvgverlag, 13. Auflage, 2005, S. 29ff

Kapitel 2: Selbstsicherheit

1 Universität Passau (2014). http://www.uni-passau.de/bereiche/presse/pressemeldungen/meldung/detail/frauen-und-maenner-verhalten-sich-im-bewerbungsgespraech-unterschiedlich, 30.12.2013

2 Dove (2010), Studie »Die ganze Wahrheit über Schönheit«, Mai 2010. http://www.dove.de/de/Tipps-Themen-and-Artikel/Tipps-and-Rat/Die-ganze-Wahrheit-uber-Schonheit.aspx, 30.08.2014

3 Wikipedia (2014). http://de.wikipedia.org/wiki/Placebo, 15.06.2014

4 Focus (2014). http://www.focus.de/gesundheit/experten/hornig/die-bedeutung-des-inneren-dialogs-wie-selbstgespraeche-unsere-leistung-verbessern_id_3459527.html, 15.06.2014

5 Neue Zürcher Zeitung (2008). Artikel »Mit Leistungsdiagnostik und Mentaltraining zum Erfolg« von Cornelia Schmid, 01.06.2008

6 Blick (2014). »Wir haben einen rabenschwarzen Tag erwischt«, Interview von Max Kern mit Ottmar Hitzfeld, Coach der Schweizer Fussballnationalmannschaft, 20.06.2014

Kapitel 3: Karriereplanung

1 Blick (2014). »VR Präsident Reinhardt über ein bilaterales Aus, Der Novartis Standort Schweiz ist in Gefahr«, Interview von Guido Schätti, 03.08.2014

2 Kurier (2014). http://kurier.at/karrieren/berufsleben/kann-man-karriere-planen/56.327.757#, 04.08.2014

3 Post (2014). http://www.post.ch/post-dp-nutze-die-staerken-und-baue-sie-aus.pdf, Interview mit Prof. Dr. Fredmund Malik, 20.08.2014

4 Huffington Post (2014). http://www.huffingtonpost.de/thomas-gelmi/executive-sparring-einsam_b_4325394.html, 01.08.2014 und Studie der Stanford Graduate School of Business »2013 Executive Coaching Survey«, http://www.gsb.stanford.edu/sites/default/files/2013-ExecutiveCoachingSurvey.pdf, 01.08.2014

Kapitel 4: Netzwerken

1 Universität Bern (2014). http://www.bnf.ch/, 20.05.2014

2 Frankfurter Allgemeine (2014). »Die Visitenkarte ist der Schlüssel zum Asiengeschäft«, Frankfurter Allgemeine, Beruf & Chance, von Kerstin Liesem, http://www.faz.net/aktuell/beruf-chance/geschaeftskontakte-in-asien-die-visitenkarte-ist-der-schluessel-zum-asiengeschaeft-1356311.html, 08.08.2014

3 Basler Zeitung (2013), »Es gibt genug fähige Frauen«, Interview mit Georgia Bross, von Franziska Lauer, 07.10.2013

4 Equal Pay Day (2014). http://www.equalpayday.ch/index.php?id=207#.U_TvZrQcQic, 20.08.2014

5 Equal Pay Day (2014). http://www.equalpayday.de/, 20.08.2014

6 Equal Pay Day (2014). http://www.equalpayday.at/equal-pay-day/wissen, 20.08.2014

7 Equal Pay Day (2014). http://www.equalpayday.de/der-equal-pay-day/europaeischer-epd/, 20.08.2014

8 Equal Pay Day (2014). http://www.equalpayday.ch/index.php?id=10#.U_4gKbQcQic, 27.08.2014

9 Women's Careers (2014). http://www.womens-careers.info/base/page/show_article.php?a=36&PHPSESSID=bc, 09.08.2014

10 Womensuccess (2014). http://www.womansuccess.at/netzwerke.html, 20.08.2014

11 Business & Professional Women (2014). http://www.bpw.ch/, 21.08.2014

12 Zonta (2014). http://zonta-union.de/, 20.08.2014

13 Soroptimist (2014). http://www.soroptimist.ch/0home/home.php, 20.08.2014

14 Rotary (2014). http://www.rotary.ch/index.php?id=8, 21.08.2014

15 Lions (2014). https://www.lions.de/ueber-lions, 21.08.2014

16 Kiwanis (2014). http://www.kiwanis.ch/index.cfm?SID=23&Lang=L1, 27.08.2014

17 Ambassadorclub (2014). https://www.ambassadorclub.org/index.php?f=show,12100,3:12:0,0,0,0,de,0,na,na,0:0:0:0:0:0,R,0, 21.08.2014

Kapitel 5: Synergien nutzen zwischen Mann und Frau

1 Glamour (2014). http://www.glamour.de/liebe/maenner-verstehen/maenner-der-kleine-unterschied/maenner-was-wir-wirklich-gemeinsam-haben, 22.08.2014

2 Spiegel (2014). http://www.spiegel.de/spiegelspecial/a-272648.html, 22.08.2014

3 Ärztezeitung (2011). http://www.aerztezeitung.de/medizin/krankheiten/hormonstoerungen/article/650191/hormone-verhalten-gibts-enge-verzahnung.html, 22.08.2014

4 Ernst & Young GmbH (2014). http://www.ey.com/DE/de/Newsroom/News-releases/20120118-Kernergebnisse-der-Analyse-Mixed-Leadership, 24.07.2014 und
Präsentation der Ernst & Young »Mixed Leadership; Gemischte Führungsteams und ihr Einfluss auf die Unternehmensperformance«, 2012

5 Karin Hertzer, »Rhetorik im Job«, Gräfe und Unzer, 2005, S. 93ff

6 in Anlehnung an Wissen.de (2014). http://www.wissen.de/du-verstehst-mich-nicht, 24.08.2014

7 LOB Magazin (2010). http://www.lob-magazin.de/muetter/114-ein-zeugnis-fuer-die-familienmanagerin.html, 24.08.2014

8 Der Spiegel (2013). http://www.spiegel.de/spiegel/print/d-92536984.html, 24.08.2014

9 Der Spiegel (2014). http://www.spiegel.de/unispiegel/wunderbar/gendertheorie-studierx-lann-hornscheidt-ueber-gerechte-sprache-a-965843.html, 24.08.2014

10 Die Presse (2014). http://diepresse.com/home/politik/innenpolitik/3826287/Ignoranz-der-Bundeshymne_Grune-Frauen-rugen-Gabalier, 25.08.2014

Danksagung

Dieses Buch hätte ohne die Unterstützung von vielen wunderbaren Menschen nicht entstehen können.

Ein grosses Dankeschön gebührt dem Botschafterehepaar Christine Schraner Burgener und Christoph Burgener für die treffenden Worte im Vorwort. Spontan haben sie auf meine Anfrage zugesagt, das Vorwort zu schreiben.

Ein grosser Dank geht an meinen Verleger Gregory Zäch. Auch bei diesem Buch hat er mich mit guten Tipps unterstützt und mit kritischen Fragen zum Nachdenken angeregt.

Jedes geführte Interview war auf seine Art und Weise interessant und bereichernd. Ich wurde von allen offen und sehr herzlich empfangen. Aus der einen und anderen Begegnung ist eine Freundschaft gewachsen, was mich besonders freut. Alle Interviewten haben viel Persönliches aus ihrem Leben preisgegeben und ich bin überzeugt, dass gerade dieses Persönliche das Besondere und Bereichernde an diesen Interviews ist. Ihnen allen schenke ich ein herzliches Dankeschön. Sie haben einen grossen Beitrag geleistet, dass das Buch so entstehen konnte, wie ich mir das vorgestellt habe.

Meinen Lektoren Thomas und Karin Hobi-Pertl gehört ebenfalls ein grosser Dank. Insbesondere mit Thomas Hobi habe ich in verschiedenen beruflichen Projekten zusammengearbeitet und konnte diese Zusammenarbeit in meinem persönlichen Projekt noch vertiefen. In kritischen Diskussionen konnten wir stets eine gute Lösung finden, die uns beiden gerecht wurde.

Ich danke meinen beiden »Testleserinnen« Dr. Nadine Stutz und Gisela Huber für ihre Anregungen und kritischen Bemerkungen.

Meiner Autorenkollegin und lieben Freundin Mirella Chopard möchte ich danken. Sie hat mich durch meine akuten »Schreibwehen« getragen und war, wie schon bei meinem ersten Buch, eine wunderbare Geburtshelferin.

Ein herzlicher Dank geht an zwei besondere Menschen. Einerseits an Bernd Philipp aus Berlin und andererseits an Armin Lukasser aus Schwandau. Bernd Philipp war nicht nur Interviewpartner, er war auch ein interessanter Gesprächspartner und hat mir die eine oder andere Türe in Deutschland geöffnet. Armin Lukasser war mein Ideengeber und Türöffner in Österreich. Das ist für mich nicht selbstverständlich, denn beide haben mich unterstützt, ohne mich vorher lange gekannt zu haben.

Der grösste Dank geht an meinen wunderbaren Lebenspartner Beda Sartory. Er war und ist mein schärfster und härtester Kritiker. Mit seiner klaren und strukturierten Denk- und Vorgehensweise hat er meine zuweilen chaotischen Gedanken wieder in eine Form gebracht. Oft habe ich auf meinem Schreibtisch einen Zeitungsartikel vorgefunden, den er mir hingelegt hat – mit einem Post-it versehen, dass dieser Artikel für mein Buch interessant sein könnte. In unseren langen Diskussionen hat er mit seinen Inputs bei mir immer wieder viele Gedanken ausgelöst. Er hat mich stets ermutigt, gross zu denken – nicht nur in Schweizer Dimensionen, sondern in DACH-Dimensionen. Durch seine Liebe und Grosszügigkeit hat er mir den Rücken freigehalten, so dass ich dieses Buch schreiben konnte.

Ich danke meinen Eltern, die mich mit viel Liebe und Güte haben aufwachsen lassen, die mir gezeigt haben, dass man auch auf Umwegen ans Ziel kommen kann, die mir Mut gemacht haben und die immer für mich da waren und da sein werden.

Zu guter Letzt möchte ich meinen wunderbaren Kindern Dennis und Michelle für die Geduld danken, die sie auch bei diesem Buch mit mir hatten. Es ist mir bewusst, dass eine schreibende Mutter nicht immer einfach ist.

Über die Autorin

Bettina Zimmermann verfügt über mehr als 15 Jahre Erfahrung in verschiedenen Führungspositionen. Unter anderem im Gesundheitswesen, als Gemeinderätin (Executive) und als Dozentin an der Universität Bern BNF für Führung und Kommunikation.
Heute ist sie Teilhaberin und Mitglied der Geschäftsleitung der Firma GU Sicherheit & Partner AG in Wil/SG. In dieser Funktion berät sie Unternehmen, Politiker, Behörden und Blaulichtorganisationen in den Bereichen Krisenmanagement, interne und externe Krisenkommunikation und wirkt mit bei der Ausbildung von Krisenstäben. Sie leitet und koordiniert das Team »7/24«, welches Unternehmen und Firmen in Krisensituationen rund um die Uhr berät.
Daneben ist sie Inhaberin der Beratungsfirma Metamind GmbH und begleitet höhere Kader im Rahmen von Führungscoachings in schwierigen Situationen. Sie ist Dozentin an verschiedenen Bildungsinstituten in den Bereichen Führung, Kommunikation und Auftrittskompetenz, leitet firmeninterne Seminare und hält zahlreiche Referate.
Bettina Zimmermann ist Mitautorin des »Praxishandbuch Krisenmanagement – Krisenmanagement nach der 4 C Methode«, Midas Management Verlag, Juli 2013.
Sie ist Mutter von zwei erwachsenen Kindern und lebt mit ihrem Partner in Bern und Wil SG.

Möchten Sie Kontakt aufnehmen oder haben Sie Fragen oder Anregungen:

GU Sicherheit & Partner AG
Bettina Zimmermann
Säntisstrasse 2a
CH-9500 Wil
www.gu-sicherheit.ch
b.zimmermann@gu-sicherheit.ch
www.metamind.ch

Das Standardwerk zum Thema Souveränität

Wenn von einer starken Persönlichkeit die Rede ist, die gelassen auftritt, verantwortungsvoll entscheidet und handelt, kommt schnell das Wort Souveränität ins Spiel. Die Fähigkeit, eigene Anliegen überzeugend nach außen zu vertreten und fair mit anderen umzugehen, ist nicht nur für Entscheidungsträger in Unternehmen unabdingbar.

In diesem Grundlagenwerk (3. Auflage) beleuchtet Erfolgsautor Stéphane Etrillard die Facetten einer souveränen Persönlichkeit. Anhand praktischer Beispiele zeigt er, wie man zu mehr Souveränität im beruflichen Umfeld und somit zu einer höheren Lebensqualität gelangt. Dabei verknüpft der Autor sehr geschickt fachliche Informationen aus den Bereichen Psychologie, Philosophie und Linguistik mit seinen praktischen Erfahrungen aus der Arbeit mit Tausenden von Seminarteilnehmern sowie den Lebensgeschichten realer Persönlichkeiten wie Coco Chanel, Johnny Cash, Gertrude Stein und Alice Herz-Sommer. Denn das, was eine souveräne Persönlichkeit auszeichnet, ist nicht zuletzt die Bereitschaft, von anderen erfolgreichen Menschen zu lernen.

Stéphane Etrillard
Prinzip Souveränität
296 Seiten, gebunden
Euro 24.90.- / sFr. 34.90
ISBN 978-3-907100-94-3

Midas-Fachbücher erhalten Sie in jeder Buchhandlung oder direkt beim Verlag: www.midas.ch